◆ 日出

井场全貌

安装网壳　刘 钟 | 摄

塔安装

罐板预制

罐基础打桩

营地孔雀

球罐防腐工程　刘　毅 | 摄

“一带一路”合规经营

系列丛书

工程建设企业境外合规经营指南

伊拉克

中国施工企业管理协会
中国石油管道局工程有限公司 编著

中国市场出版社
China Market Press

·北京·

图书在版编目（CIP）数据

工程建设企业境外合规经营指南. 伊拉克 / 中国施工企业管理协会，中国石油管道局工程有限公司编著. — 北京：中国市场出版社有限公司，2021.5（2023.7 重印）
（“一带一路”合规经营系列丛书）
ISBN 978-7-5092-2063-4

Ⅰ. ①工… Ⅱ. ①中… ②中… Ⅲ. ①建筑企业-对外投资-工业企业管理-中国-指南 Ⅳ. ①F426.9-62

中国版本图书馆 CIP 数据核字（2021）第 081961 号

工程建设企业境外合规经营指南：伊拉克

GONGCHENG JIANSHE QIYE JINGWAI HEGUI JINGYING ZHINAN：YILAKE

编　　著：中国施工企业管理协会 中国石油管道局工程有限公司
责任编辑：宋　涛

出版发行：中国市场出版社
社　　址：北京市西城区月坛北小街 2 号院 3 号楼（100837）
电　　话：（010）68034118/68021338
网　　址：http：//www. scpress. cn

印　　刷：河北鑫兆源印刷有限公司
规　　格：145mm×210mm　32 开本
印　　张：9.75　　**字　　数：**260 千字
版　　次：2021 年 5 月第 1 版　　**印　　次：**2023 年 7 月第 2 次印刷
书　　号：ISBN 978-7-5092-2063-4
定　　价：68.00 元

《工程建设企业境外合规经营指南：伊拉克》

编 委 会

何　胜　对外经贸大学教授

王　琳　山东电力工程咨询院有限公司发电事业部总经理

张　红　中国石油工程建设有限公司北京分公司总工程师

张拉柱　中国施工企业管理协会法律顾问

PREFACE 序言

“一带一路”倡议是顺应全球治理体系变革，彰显同舟共济、命运与共意识的国际公共产品。作为完善全球治理体系、推动构建人类命运共同体的中国方案，共建“一带一路”已经成为171个国家和国际组织开展国际合作的新模式，正在向高质量共建的阶段迈进。

近八年的时间里，共建“一带一路”在完成总体布局的基础上，又聚焦重点、深耕细作，扎实推进项目实施，累计开展了2000多个项目，可圈可点的成果、实实在在的好处让“一带一路”朋友圈不多扩大。中国企业参与“一带一路”建设的程度也越来越深入，面临的市场环境越来越复杂，合规经营在企业可持续发展中也显得越来越重要。

为更好地帮助企业提高合规经营管理水平，有效防范及化解经营风险，早在2017年5月，习近平总书记就中国企业合规经营问题，在中央全面深化改革领导小组会议上，明确指出加强企业海外经营行为合规制度建设的必要性。2018年7月1日，国家标准《合规管理体系指南》（GB/T 35770—2017）正式实施；2018年11月2日，国务院国资委《中央企业合规管理指引（试行）》发布实施；2018年12月26日，国家发展改革委正式发布《企业境外经营合规管理指引》，为中国企业更好地开展境外经营业务、建立合规管理体系和制度，提供了官方的指导意见。

中国施工企业管理协会基于工程建设行业的实践经验和研究成果，联合12家会员单位，在国家发展改革委区域开放司的指导下，出版《工程建设企业境外合规经营指南》（以下简称《指南》），结合企业自身情况，以丰富翔实的案例，系统地从市场环境、通用规则、国别规则、示范项目等角度展示了中国企业在境外稳扎稳打、开拓进取的合规发展历程，具有针对性、实务性和系统性的特点，是一套指导性非常强的工具书。

《指南》的出版有利于帮助广大施工企业适应国际工程承包自由化、便利化的市场环境，引导企业实现行业高质量发展的目标，期望通过树立境外合规经营优秀典型，分享境外合规运营经验，帮助企业完善合规运营体系，形成合规文化，提升企业在国际市场中的竞争力。同时，在更广泛的范围内倡议共建“一带一路”的企业，增强机遇意识和风险意识，夯实基础，固牢底线，趋利避害，在发展中不断前进，在合作中茁壮成长。

曹玉书

2021年5月

PREFACE
前言

随着“一带一路”的不断深入，中国企业收获了海外市场带来的业务发展机遇，也面临着海外市场带来的合规挑战。当前国际地缘政治关系日益复杂，国际单边主义抬头，国际贸易摩擦日渐加深，海外合规监管趋势日益严峻，越来越多的中国企业将面临更为艰难的合规挑战。

不以规矩，不成方圆。境外合规包括外部法律法规、国际监管要求、国际公约、行业准则、商业道德、职业操守以及企业内部的各项管理制度。

对外承包企业在海外投资经营业务时，做好企业在境外的合规经营，是实现企业战略目标的内在需要。首先要建立正确的合规经营价值观，为开展企业海外投资经营合规管理工作奠定基础。在此大前提下，要进一步明确目标国和企业合规管理的工作内容，健全合规管理架构，制定合规管理制度，完善合规运行机制，加强合规风险识别、评估与处置，开展合规评审与改进，培育合规文化，形成重视合规经营的文化氛围。

企业长期发展必须考虑四点：遵守国际规则，重视政府关系，关注民生需求，履行社会责任。当前，对外工程承包企业海外发展必须主动适应市场化、国际化新形势，增强海外合规经营意识，熟练掌握并有效运用国际市场规则，密织合规之网、强化合规之力。只有重视和开展合规管理，企业才能行稳致远。

中国石油管道局工程有限公司在伊拉克深耕多年，特总结汲取了在伊拉克运作工程项目合规方面的经验和做法，与中国施工企业管理协会共同编写了《工程建设企业境外合规经营指南：伊拉克》，分享业内，以飨读者。

CONTENTS

目录

Chapter 1

第一章

境外工程建设合规管理的重要性

“合规”一词源于英文 compliance，是指企业行为符合法律法规及其内部规章制度和商业道德的要求。企业合规管理本质上是对企业内部的自我管理提出要求，不仅要求其合法合规，还要求其要遵守企业自己制定的规章和社会承认的商业道德。近年来，随着中国“走出去”战略、“一带一路”倡议的推动，越来越多的企业走出国门，开始广泛参与跨国经营，而与此同时，越来越多的中国企业遭受海外合规处罚，引发了国内企业对于合规问题的关注和思考。

一、“合规”的起源

（一）企业合规思想的起源

合规思想最早可追溯到成立于1906年的美国食品和药物管理局（FDA）。该局当时对食品和药物安全的监管促使部分企业开始将合规视为企业运营的一部分。20世纪50年代，因为第二次世界大战后国际新秩序的形成，作为老牌工业强国的英国，其国土面积狭小，劳动力人口不足，为发展外向型经济和对外殖民统治，需要对外扩张本土企业。当时，对外投资先行的是金融企业，尽管当时的英国法律以及各个行业的法规规章相对比较完善，但对外投资要做到“入乡随俗”，英国本土的法规、企业规章和文化理念等已不适应投资所在国。在此背景之下，从国家、行业和人员三个层面考虑，英国率先推出了compliance（合规）。

（二）企业合规体系的诞生

20世纪60年代，美国电气设备行业的众多龙头企业及其高管遭遇串通抬价、瓜分市场等反垄断指控。仅1961年，就有29家公司和45名个人接受反垄断罚款。美国开始反垄断大潮，政府在该领域重拳出击，合规管理随着美国防止违反《反托拉斯法》（反垄断）的政策实施进程而得到了普及，在当时促使很多企业开始建立反垄断合规体系。

（三）企业专项合规体系的建设

20世纪70年代，美国出现了系列财务丑闻，爆发了水门事件。当时对水门事件的调查结果显示，1972年总统选举过程中，大量企业进行了非法政治捐献，企业界贿赂、回扣成风。证券交易委员会对水门事件的进一步调查还发现了跨国企业为获取交易机会，使用公司资金贿赂外国政府官员的证据。为此，证券交易委员会在 1977 年颁布了《反海外腐败法》，要求上市公司在贿赂、回扣、记账和其他方面执行更为正式的合规政策，尤其在财务记录和资产分配方面。《反海外腐败法》在合规的世界发展史上具有标志性意义，一方面是因为该法在反腐败领域具有广泛的域外管辖效力，至今仍然是悬在各跨国企业头上的“达摩克里斯之剑”；另一方面是因为该法要求企业对资金往来进行准确的会计记录，从而直接介入了企业财务内控体系的建设。

20 世纪 80 年代是美国各领域合规问题多发的时代，这也反过来推动了企业在问题领域的专项合规体系建设。1986 年，美国发布了《环境审计政策声明》，将企业环保作为合规工作要点，鼓励公司对设备使用是否符合环保要求进行系统、定期和客观的检查，以确保公司合规体系的有效性，发现潜在的环保违规问题。这一年，美国军火企业联合起草了《国防工业的商业伦理与企业活动精神》，将自觉履行合规管理制度作为企业自律的要求。1988 年，美国又通过《内幕交易与证券欺诈取缔法》，进一步防止证券内幕交易。这一系列专项法案的制定，推动了企业在问题领域专项合规体系的建设。

二、合规体系的成型与完善

（一）企业合规体系的成型

20 世纪 90 年代以前的合规多集中在某些具体领域，从 90 年代开始，企业全面合规体系建设逐渐成型。标志性的事件是 1991 年美国量刑委员会发布的《针对机构实体联邦量刑指南》。

1991 年，美国制定了《针对机构实体联邦量刑指南》（以下简称《量刑指南》），主张将机构实体是否具备完善的合规体系作为减轻刑事责任的重要考量。《量刑指南》规定了衡量机构实体合规体系是否完善的七项标准，具体包括：

（1）建立合理的标准和程序，以预防和发现犯罪行为。

（2）机构实体领导层必须了解合规体系的内容和运行，合理监督合规体系的执行和有效性。机构实体管理层必须保证自身具备有效的合规体系。高级管理人员个人则应当对合规体系整体负责。机构实体中的个人应当承担合规体系的日常运作责任，定期向包括领导层在内的上级汇报合规体系的有效性。为完成上述职责，必须为个人配备足够的资源、适当的权限和向包括领导层在内的上级汇报的直接渠道。

（3）机构实体应尽力将任何有违法行为或者违反合规体系要求行为的个人排除出组织的实权岗位。

（4）根据受众的岗位和职责，通过培训项目和信息传播定期务实地向公司领导层、管理层、经理层、普通员工乃至代理人宣传合规体系标准、程序和其他各个方面。

（5）机构实体应当采取合理行动实现以下目标：1）确保机构实体的合规体系得到遵守，包括监督和审计以发现犯罪行为；2）定期评估合规体系有效性；3）建立并公开匿名或保密举报系统，以保证员工或者代理人可以就犯罪行为进行举报或者寻求指导时没有后顾之忧。

（6）激励合规行为，惩罚参与犯罪行为或者未采取合理措施避免、发现犯罪行为，以在整个机构实体范围内持续推广和执行合规体系。

（7）一旦发现犯罪行为，机构实体必须采取合理措施加以应对，并防止将来类似犯罪的发生，包括对机构实体的合规体系进行必要调整。

《量刑指南》的出台标志着现代合规理念与合规标准的成型，在美国乃至世界现代合规发展史上具有里程碑式的意义。企业按照《量刑指南》的合规标准审查现有合规体系，而此前尚未建立全面合规体系的企业则开始按照《量刑指南》的要求建立合规体系。

1992 年，关于通过控制危险废物跨越国境的转移和处置来防止危险废物对环境和人体健康造成危害的全球性国际公约《巴塞尔公约》开始生效，目前已经有 187 个国家签署。

1995 年，联合国首次提出“全球契约”的构想，号召企业以承诺遵守国际行为准则的方式，使经济活动兼顾社会公益，承担相关社会责任。2004 年，全球契约扩充形成人权、劳工标准、环境、反贪污四个方面的十项基本原则。

1997 年，经济合作与发展组织（OECD）成员国达成《OECD 反对国际商业活动中向海外政府官员行贿行为公约》。

（二）企业合规体系的规范

21 世纪最初的 5 年是违规丑闻频发的黑暗时期，同时也是合规发展的黄金时期。

2001—2002 年，安然有限公司和世界通信公司等企业发生财务造假丑闻，暴露出美国上市公司治理和财务审计方面存在的严重问题。为加强公司监管、重振投资者信心，美国国会于 2002 年通过《萨班斯-奥克斯利法案》，对美国上市公司财务监管中存在的问题进行了针对性规定。

作为美国国内法的《萨班斯-奥克斯利法案》适用于所有在美国上市和准备赴美上市的公司，包括外国公司，如中国的新浪、搜狐等，因而对世界范围内的企业经营和合规管理产生了深远影响。

2004年，巴塞尔银行监管委员会颁布《巴塞尔协议》，鼓励银行不仅要识别当前的风险，而且要识别将来的风险，并且改进现有的风险管理体系来管理这些风险。2005年，巴塞尔银行监管委员会又发布了《合规与银行内部合规部门》高级文件。

这一时期对合规发展产生重要影响的，还包括2004年修订后的《针对机构实体联邦量刑指南》。修订后的《量刑指南》在原先七项标准的基础上，为评估合规体系的有效性规定了更为细致和严格的要求，包括但不限于：培养诚信合规的组织文化；强调管理层对合规体系的监督；加强员工合规培训和宣介；建立内外部风险评估机制等。

（三）企业合规体系的发展和完善

肇端于2007年的次贷危机席卷全美，导致贝尔斯登公司和雷曼兄弟公司两家投行破产，并引发美国自大萧条时代以来最严重的失业和股灾。为避免经济危机进一步加剧，美国政府出资超过7000亿美元购买华尔街不良资产，救助房地产、汽车和银行等行业，但也导致民众财富缩水。为遏制金融违规、挽回公众信任，美国国会于2010年通过了《多德–弗兰克华尔街改革和消费者保护法案》（以下简称《多德–弗兰克法案》）。

该法案的规则覆盖了几乎整个金融业和国民经济，包括但不限于：商业贷款、消费贷款、金融衍生品、证券公司、对冲基金、投资银行、检举人，旨在改善金融行业责任制和透明度，避免再次发生经济危机，是美国金融业自大萧条以来最为深远的一次改革。

《多德–弗兰克法案》第922款规定，如果执法回收金额超过100万美元，那么美国证券交易委员会必须向提供证券违规举报原始信息的举报人发放10%～30%的奖励金。法案中此类鼓励举报的规定，促使企业进一步加强合规体系建设。

反腐败合规在这一阶段再次成为热点。以美国对德国西门子公司的反腐败执法案为代表，美国司法部和证券交易委员会在这一时期对大量跨国公司进行了反腐败调查和执法。受《反海外腐败法》巨额罚款的警示（西门子被罚约16亿美元）和会计条款的要求，众多企业不断加强自身的反腐败合规体系建设。

2010年，《量刑指南》再次修订，此次修订强调了合规官的独立性，对企业合规体系建设产生了不小的影响。

2010年，OECD颁布《内控、道德与合规最佳行为指南》，要求企业制定明确的政策来禁止海外贿赂，制定针对所有员工的合规执行体系、相关交流和培训机制、完善的举报制度等。

2014年，国际标准化组织（ISO）发布实施了《合规管理体系指南》（ISO 19600），将合规管理分为建立和改进两部分，包括确定合规范围、建立合规方针、评估合规风险、制定应对计划、实施和控制、评估和报告、持续改进等阶段，为所有规模和类型的企业建立有效的合规管理体系提出了指导性建议。

2014年，亚太经合组织（APEC）通过了《北京反腐败宣言》《亚太经合组织预防贿赂和反贿赂法律执行准则》《亚太经合组织有效和自愿的公司合规项目基本要素》。

2016年，ISO组织颁布了《反贿赂管理体系——要求和使用指南》（ISO 37001：2016），对于企业运营中可能存在的不正当的利益往来行为，阐述了预防、发现和应对措施。

2019年，《量刑指南》更新版明确提出了12项评估合规体系有效性的指标，并在《商业组织联邦起诉原则》中明确提出了三个评价标准：合规体系是否设计良好？是否有效实施？是否实际发挥作用？

到目前为止，经营合规的概念已经深入商业领域的各个方面，各个国际组织都为构建全世界范围内公平、公正的合法合规经营环境不断地努力着。而反过来对企业而言，经营风险不可能完全杜绝，却可以利用已尽合规义务的规则来保护自身，并且利用合规管理规则来加强企业建设。可以说，合规潮流不可逆，主动拥抱使用才是正确的做法。

点评：

从合规的起源到完善成型这近一个世纪以来的发展历程中，我们可以看到企业的合规从最初经济法的各领域，如反垄断法、证券和金融监管以及跨国商业行为，到现在已经扩展到经济和社会规制的各个领域。它从不同的企业和部门兴起，从最开始的分流和不同目标，在20世纪90年代，最终汇总成干流，初步形成相对完整的体系，而目前已经成为各国家、地区乃至全球商业组织和法律部门的共享制度。每一次合规的演变都是各个历史大事件的迭代结果，各个国家和组织都努力地从失败事件中总结经验，以完善并形成达成共识的合规规范。

站在企业的立场上，合规更多和“风险管理”“内控体系”联系在一起（后文将阐述这三者的关系）。对于风险事件而言，每一个风险事件有危又有机，危与机是共存的孪生兄弟。每一次事件，不只是事故，同时也是改进的契机，是推动前进的最深刻动力。因此，每个企业经营者都应充分意识到以下几点：

1. 合规要求不是对企业的约束，它最终的目标是引导全球商业环境朝健康有序、公平公正的方向发展。

2. 只有融入全球商业规则中，成为其中的合格一分子，才能接入全球的供应链环境，获取更多的业务机会，也同时能规避更多的风险。可以说，企业成为“合规组织”是参与全球竞争的最基本条件。

3. 注重企业发展过程中或者同行业中的每一次大事件，这是完善企业运行机制、规避运营风险的最好时机。

“走出去”与“全球性协作”是不可逆转的趋势，因时势而勃发的中国合规管理成为我国各个企业在国际化进程中的实践热点。但是源于美国并扩展到世界范围内的这一制度，在国内推行的时候的确有许多值得检讨的地方。中国式的公司治理、法治水平和大陆法系的制度局限性，限制了合规的作用发挥。然而，相对于开拓者，我们是幸运的，是站在前人的肩膀上去处理合规问题。这正是我们向前迈进的最准确方向。

三、合规管理的基本概念

顾名思义，合规管理是指为了合乎规范而进行的管理。合规是指企业及其员工的经营管理行为符合有关法律法规、国际条约、监管规定、行业准则、商业惯例、道德规范和企业依法制定的章程及规章制度等要求。企业通过制定合规政策，按照内部规范的要求统一制定并持续修改合规规范，监督内部规范的执行，以增强内部合规控制；对违规行为进行持续识别、监测、预警、防范、控制、化解合规风险的一整套管理活动和机制。

合规管理包括组织内部的自我审查和来自外部组织的监管，其主要内容包括（但不限于）：合规管理制度建设、合规文化建设、合规信息系统建设、合规咨询、合规培训、合规审核、合规审计、合规检查、合规考核、合规评价、合规报告、法律法规追踪、投诉举报处理、监管配合和合规问责等。

四、合规管理的意义

（一）中国当前合规管理的现状

合规管理理念和实践于20世纪70年代末由“三资”企业引入中国。就合规监管而言，我国也经历了由金融机构逐步向其他行业扩散的过程，目前政府对于企业合规管理体系的建设十分重视，要求各行业都应加强企业合规管理，完善企业合规建设。如：

2006年10月，中国银监会颁布了《商业银行合规风险管理指引》，为商业银行合规风险的管理提出了指引。

2016年4月，国务院国资委印发了《关于在部分中央企业开展合规管理体系建设试点工作的通知》。通知指出，企业合规管理在中国移动、中国石油、东方电气集团、招商局集团、中国中铁等五家中央企业开始试点。

然而，和跨国企业相比，中国企业在合规问题的处理上非常落后，很多中小企业乃至部分大企业甚至不知道合规管理的概念，而相对重视合规管理的企业，如华为、中兴和中国铁建等，其合规管理体系的构建也还处于起步阶段。同时，我国对企业经营合规方面的相关法律法规也并不十分健全。

2008年以来，随着中国企业大规模“走出去”，更是大量出现了因对遵守国际上通行规则与非通行规则的认识不足或者理解不到位而不合规的商业行为，导致企业受到经营所在地政府或者国际组织的制裁，这不仅给企业造成经济与声誉损失，还给中国企业国际形象带来负面影响。

近年来，随着“一带一路”倡议的推进，更多的中国企业离开熟悉的国内市场环境，参与到全球市场竞争当中，而全球反腐力度及合规经营的要求不断加强，这使中国企业面临的境外经营合规风险越来越大。

2004 年至 2019 年 6 月，世界银行就制裁了 52 家中国企业（一家企业内直接或间接控制的多家企业被制裁，计算为一家企业）。另外，世行还对 8 名个人进行制裁。这其中有 18 家企业和 4 名个人因受到国际开发银行制裁再被世行实施交叉制裁。被世行制裁的中国企业中，如果对一家企业内直接或间接控制的企业进行独立统计，被制裁的中国企业已有 900 家之多。

2019 年 5 月 14 日，世行公布了对总部位于上海的思源电气股份有限公司做出除名的制裁决定。思源电气被制裁后不到一个月时间，世行在 2019 年 6 月 5 日又公布了对中国铁建股份有限公司及其所有附属公司、中铁二十三局集团有限公司、中国铁建国际有限公司及 730 家控股子公司做出除名的制裁决定。一家企业内受到制裁的附属公司数量之多，让人非常震惊。这打破了世行在 2013 年对加拿大兰万灵公司及其 133 家子公司制裁的纪录。

不只是来自世行的处罚，年产值上千亿元的通信行业骨干企业中兴通讯，被美国政府处罚 14.9 亿美元的同时，被列入美国禁售制裁名单，几乎濒临倒闭。同样是中国通信行业领头羊的华为也一直受到美国相关监管机构的调查，这为“走出去”的中国企业在合规管理方面敲响了警钟。

（二）国家对企业境外经营合规管理的重视

国家对企业境外经营合规管理越来越重视，近年来陆续出台了规范企业境外经营行为、提升企业合规管理水平的方针政策，详见表 1–1。

表 1-1 中国政府近年来发布的合规要求

时间	机 构	事 项
2010 年 8 月	商务部、外交部、国家发展改革委、公安部、国务院国资委、安全监管总局、全国工商联	·印发《境外中资企业机构和人员安全管理规定》 进一步加强新形势下境外中资企业机构和人员安全保护工作，保障“走出去”战略的顺利实施。
2011 年 7 月	国务院国资委	·发布《中央企业境外国有资产监督管理暂行办法》 目的是规范境外企业经营行为，维护境外国有资产权益，防止国有资产流失。
2013 年 2 月	商务部、环境保护部	·《对外投资合作环境保护指南》 引导企业积极履行环境保护社会责任，推动对外投资合作可持续发展。
2013 年 3 月	商务部	·《规范对外投资合作领域竞争行为的规定》 促进对外投资合作业务健康和可持续发展，规范企业海外经营行为，鼓励和保护公平竞争，杜绝不正当竞争行为，提升对外投资合作企业管理水平和竞争能力。
2014 年 1 月	商务部、财政部	·审议通过《对外劳务合作风险处置备用金管理办法（试行）》 目的是规范对外劳务合作企业的经营行为，保障外派劳务人员合法权益。
2014 年 8 月	商务部	·审议通过《境外投资管理办法》 促进和规范境外投资，提高境外投资便利化水平。

续 表

时间	机　构	事　　项
2017年5月	中央全面深化改革领导小组	·审议通过《关于规范企业海外经营行为的若干意见》 提出要“加强企业海外经营行为合规制度建设”。
2017年12月	国家发展改革委、商务部、人民银行、外交部、全国工商联	·发布《民营企业境外投资经营行为规范》 从完善经营管理体系、依法合规诚信经营、切实履行社会责任、注重资源环境保护和加强境外风险防控等五方面对民营企业境外投资经营活动进行引导和规范。
2017年12月	国家发展改革委	·发布《企业境外投资管理办法》 加强境外投资宏观指导，优化境外投资综合服务，完善境外投资全程监管，促进境外投资持续健康发展。
2017年12月	国家质量监督检验检疫总局、国家标准化管理委员会	·颁布ISO 19600《合规管理体系指南》(GB/T 35770—2017/ISO 19600：2014) 为企业全面系统地建设合规管理体系提供了具体指南。
2018年11月	国务院国资委	·印发关于《中央企业合规管理指引(试行)》的通知 对中央企业的合规管理体系建设提出了要求和建议。
2018年12月	国家发展改革委等7部委	·联合发布实施了《企业境外经营管理指引》 对于推动企业持续提升合规管理水平提供更加具体的行动指引。

近些年来，中国政府也更加积极地参与全球反腐败与合规管理的国际合作。2014年亚太经合组织（APEC）北京会议通过了《北京反腐败宣言》（以下简称宣言），中国是《宣言》的发起者和参与者。此外，中国还参与发起并通过了《亚太经合组织预防贿赂和反贿赂法律执行准则》《亚太经合组织有效和自愿的公司合规项目基本要素》等重要文件。同时，中国也积极加入世界级别的各类公约，如《联合国反腐败公约》《国际商务交易中打击勒索和贿赂行为准则》等。作为成员国的中国企业，必然要顺应全球合规治理加强的大趋势，履行公约所规定的义务，积极预防和应对商业贿赂，树立和维护国家形象。

（三）中国企业境外经营合规管理的重要意义

合规管理是企业稳健经营运行的内在要求，也是防范违规风险的基本前提，是每一个企业都必须重视且进行管理的一部分，也是保障自身利益的有力武器。

合规化管理是规范员工行为的有效手段，通过建构科学的企业合规文化以及合规体系，有利于让员工养成合规化的习惯，避免违规风险。同时在制度层面向广大员工普及合规管理的相关条例，有利于让员工自觉自律地避免违规化操作。

合规管理可以防止决策失误，领导者的权限较大，再小的决策错误都有可能引发公司的多米诺骨牌效应，合规化管理通过约束高层领导人员的相关行为能够最大限度地减少决策失误带来的经营风险。

对于境外经营的中国企业来说，合规管理还有着更多更高层次的意义。

1. 树立和维护国家形象的需要

跨国企业虽然具有国际性，并且遵循基本的商业逻辑行事，但在以国家为主体的当代世界中，让人产生的第一印象还是其国家形象。如果中国企业在“走出去”的时候能够塑造一个遵规、亲和、友善、负责的形象，就会减少许多冲突和困境。因此，建立合规体系并使其有效运行，是使企业所有商业活动始终保持合法合规的基本保障，是中国企业在境外经营时，树立和维护国家整体形象、促进企业国际声誉的最基本条件。

2. **文化融入的需要**

在国际市场上，我国企业在工程建设领域技术方面的差距并不大，但在管理和文化层面还有很大差距。因此，建设与国际经营接轨的先进企业文化，转变思想观念、改变思维方式，成为我们参与国际竞争的关键因素。

在合规经营、反对腐败成为主流价值观的大背景下，我们首先要创新的就是合规文化。要把文化理念转变为行为，需要通过建立系统的制度，将合规要求融入具体的工作流程及岗位中，持之以恒地严格执行。将表面的合规管理逐渐变成习惯，形成一种严谨的行为方式。通过合规制度的建立与执行以及合规文化的培育，将管理文化由任意型、粗放型向信誉型、集约型转变。

中国文化比较强调变通、灵活，有时候这是优点，有时候就容易出问题。企业要想真正融入国际大家庭、实现做强做优，就必须对自己的行为方式和道德文化进行认真反思和总结，学会遵守国际游戏规则，才有可能自立于世界大企业之林。

3. **市场竞争的需要**

随着不断的发展壮大，一部分中国企业已处于发展变革的重要阶段。在这个阶段中，一是面临更多、更复杂的合规风险，二是在合规要求更严格的环境下参与市场竞争是未来的发展趋势，这就决定我们只有走合规经营之路，才能防范合规风险，才能在世界范围内和发达国家跨国公司竞争。而合规经营反过来又能提升企业的信誉，从而增强国际竞争能力。通过行为的合规进一步保障执行结果正确，这也是提升企业经营质量的必选之路。

4. 防范政治风险的需要

在和平时期，国家之间的竞争主要体现在经济领域的竞争，而经济领域的竞争则突出表现在大企业之间的竞争。

在世界格局中占主导地位的美国和西方国家，用冷战思维遏制中国的崛起。在国际市场上，作为后起之秀的中国企业，一举一动都备受关注，一旦出现失误就会被无限放大，削弱我们的市场竞争力，遏制我们的发展壮大。

西方国家冷战思维的特点之一就是寻找中国企业与西方企业的差异，并在中国企业的软肋上大做文章，突出中国企业的弊端，从“软实力”上削弱我们的竞争力，破坏我们的国际形象，从而阻挠我们走向国际市场。

因此，中国企业在境外经营中做好合规管理，对于应对西方国家的“经济冷战”也有积极意义。

（四）工程建设企业境外经营合规管理的重要性

在“走出去”的中国企业中，80% 属于工程建设企业。而这些“走出去”的企业有的因合规导致的问题，已经造成了巨大的经济和声誉损失。如，因合规问题被世界银行制裁的中国企业的行业统计分布来看，99% 以上的企业是从事基础设施建设、工程建设类。如果这些企业因不合规被世行除名制裁，不仅不能承接世行及其他多边开发银行资助的项目，还可能引起他国政府、当地企业及金融机构的关注，或设置不利的合作条件。这不仅会影响我国企业进一步参与相关国家和地区的项目与商业合作机会，还会影响我国“一带一路”倡议的顺利推进，甚至影响国家推动企业“走出去”服务对外开放的大局，必须引起相关企业的高度重视。

因此，工程建设企业建立健全合规管理体系和制度，对于提升“走出去”企业整体合规管理水平至关重要。企业应充分重视合规问题，建立起工程建设企业境外经营合规管理的行业标准、体系指南。

五、合规管理与风险管理和企业内部控制的关系

（一）三者的含义

1. 合规管理

合规管理的定义如前文所述。

2. 内部控制

内部控制是指企业和各个组织在经济活动中建立的一种相互制约的业务组织形式和职责分工制度。为了实现企业经营目标，保障资产的安全、完整，保证会计信息资料的准确可靠，确保企业经营方针的贯彻执行和经营活动的经济性、效率性、效果性而在企业内部采取的自我调整、约束、规划、评价和控制的一系列方法、程序与措施的总称。

1980年后，美国COSO委员会（全美反舞弊性财务报告委员会发起组织）将“内部控制”定义为“一个组织设计并实施的一个程序，以便为达到该组织的经营目标提供合理保障”。

在COSO委员会制定的内部控制框架中，把内部控制活动分成五大组成部分，即：控制环境、风险评估、控制活动、信息与交流和监

督评审。

2002 年，美国成立的上市公司会计监管委员会（PCAOB）明确采用了 COSO 内控框架作为内控评价的标准体系。许多国家和地区的资本市场也采用了 COSO 内控框架，有些国家和地区在参照该框架的基础上建立了自己的内控体系。

我国在 2005 年先后出台了《上交所上市公司内部控制指引》和《深交所上市公司内部控制指引》两个文件。上述两个文件参照了美国 SOX 法案的要求，在理论体系上和 COSO 内控框架一脉相承。

3. 风险管理

风险管理是指通过对风险的识别、评估，选择最有效的应对方式，在事前主动地、有目的地、有计划地处理风险，以最小成本争取获得最大安全保证的管理方法。

企业风险管理理论发展大致分为三个阶段。

第一阶段：以“安全和保险”为特征的风险管理。100 多年前，航运企业风险管理的主要措施就是通过保险把风险转移给保险公司。

第二阶段：以“内部控制和控制纯粹风险”为特征的风险管理。随着工业革命的发展，公司对业务管理和流程方面的内部控制提出了要求。美国 1977 年的《反国外贿赂法》要求公司管理层加强内部会计控制；1992 年的《COSO 内部控制综合框架》提出以财务管理为主线的内部控制系统。

第三阶段：以“风险管理战略与企业总体发展战略紧密结合”为特征的全面风险管理。风险管理实践表明，仅靠内部控制难以实现企业的最终目标。为此，COSO 于 2004 年 9 月出台了《COSO 企业全面风险管理整合框架》（ERM），提出了由三个维度构成的风险管理整合框架。

国务院国资委于 2006 年发布《中央企业全面风险管理指引》，标志着我国中央企业建立全面风险管理体系工作的启动。

（二）三者的侧重点

合规管理是内部控制的一个重要方面，也是风险管理的一个关键环节。内控制度的完善离不开合规化的管理及操作。这三者各有侧重点，详见表1–2。

表1–2 合规管理、内部控制与风险管理的侧重点

合规管理	内部控制	风险管理
1. 反商业贿赂、反欺诈、反舞弊； 2. 反垄断、反不正当竞争、反洗钱； 3. 贸易管制、海关估值、转移定价； 4. 数据安全、信息保护、隐私保护； 5. 高管刑事责任； 6. 税务合规； 7. 安全健康环保； 8. 知识产权保护	1. 组织架构的设计与运行； 2. 发展战略的制定与实施； 3. 人力资源的引进与开发、使用与退出； 4. 安全生产、产品质量、环境保护与资源节约、促进就业与员工权益保护； 5. 企业文化的建设与评估； 6. 资金活动：筹资、投资和资金营运； 7. 采购业务：购买、付款； 8. 资产管理：存货、固定资产、无形资产； 9. 销售业务：销售、收款； 10. 研究与开发：立项与研究、开发与保护； 11. 工程项目：立项、招标、造价、工程建设、工程验收； 12. 担保业务：调查评估与审批、执行与监控； 13. 业务外包：承包方选择、外包实施； 14. 财务报告：编制、对外提供、分析利用； 15. 全面预算：编制、执行、考核； 16. 合同管理：合同订立、履行； 17. 内部信息传递：内部报告的形成、内部报告的使用； 18. 信息系统：开发、运行与维护	1. 战略风险； 2. 财务风险； 3. 市场风险； 4. 运营风险； 5. 法律风险； 6. 环境风险； 7. 政策风险； 8. 技术风险

合规管理的核心，是“不合规，企业及相关利益主体将遭遇声誉损害、高额赔偿，乃至刑事处罚”。将企业和个人行为纳入合规管理体系中，保障主体不因不合规而遭受以上损失，这是合规管理的驱动力，也是合规管理的内在核心。至于合规可创造价值，完善的合规体系可成为减轻责任的抗辩理由，则是锦上添花的事。

内部控制的核心，是“通过内部控制五要素，对管理层及员工的行为进行约束，以尽可能实现企业的运营有效、报告可靠、合规这三大目标”。内部控制是帮助企业实现业绩和盈利目标，同时又保证企业出具的财务报告可靠和企业行为符合法律法规。

风险管理的核心，是“以可接受的成本保护和创造价值”。可接受的成本是指企业对风险的偏好程度，保护价值是指企业进行风险管理的基本目的，创造价值是指企业运用风险带来的机会，它是企业进行风险管理的高级目的。随着社会波动性、复杂性和模糊性日益增加，以及利益相关者的参与度越来越高，企业更加需要完善的风险管理机制来应对。将风险管理贯穿于整个企业会产生许多好处，包括增加新的机遇、识别和管理企业的风险、增加竞争优势、减少负面损失、降低绩效偏离度、改善资源部署、提升企业韧性等。近年来，基于风险导向的管理理念逐渐兴起，企业管理中常见的公司治理、企业文化、战略管理、绩效管理、危机管理等都可以用风险管理框架来更好地标准化、科学化。

（三）三者的关系

合规管理、内部控制、风险管理都是企业治理与管理必不可少的一部分。在经济与社会不确定性不断增加的情形下，以及处于政策作为经济与社会治理的重要手段不断加强的时代中，在历经一些惨痛教训之后，三者都越发显得重要。

与战略管理、营销管理、人力资源管理等职能与职责相比，合规管理、内部控制与风险管理在企业中偏向于基本保障、风险预防。如果将企业比喻为一艘向前行使的车辆，那么合规管理、内部控制与风险管理应该类似于刹车、前后护栏、ABS 等组合在一起的功能。

合规管理、内部控制、风险管理侧重的视角不同。合规管理强调对规则（法律、规章制度、商业伦理、当地宗教和文化）的遵守；内部控制强调对行为（企业各层级、业务各环节）的限制；风险管理强调对未来不确定性事件的控制。

合规是内部控制要达到的目标之一，而内部控制则被涵盖在企业风险管理之内，是风险管理的一个基础和组成部分。因此，从三者的内涵来看，合规管理小于内部控制，内部控制小于风险管理。但从价值上来看，三者目前并不是可以相互取代的。

Chapter 2

第二章

伊拉克概况

一、地理位置和人口分布

（一）地理位置

伊拉克全称伊拉克共和国，位于亚洲西南部、阿拉伯半岛东北部，国土面积约43.8万平方千米。北接土耳其，东邻伊朗，西毗叙利亚、约旦，南连沙特阿拉伯、科威特，东南濒波斯湾。海岸线长60千米。领海宽度为12海里。

伊拉克在东3时区，比北京时间晚5个小时。

（二）人口分布

据世界银行统计数据，截至2020年5月，伊拉克全国人口4022.25万。

城市人口分布情况：首都巴格达人口约为800万人；北部城市摩苏尔、埃尔比勒、苏莱曼尼亚，中部城市纳杰夫及南部城市巴士拉也是人口分布比较集中的城市。

在伊拉克约有万余名中资企业人员，主要集中在南部巴士拉、米桑、瓦西特、济加尔、穆萨纳和北部苏莱曼尼亚和埃尔比勒等省。

二、自然环境和自然资源

（一）自然环境

1. 气候条件

伊拉克东北部山区属地中海式气候，其他地区为热带沙漠气候。夏季室外最高气温高达50℃以上，冬季最低温度在0℃左右。雨量较小，年平均降雨量由南至北为100~500毫米，北部山区达700毫米。

伊拉克常年刮西北风，冬季凉爽、多雨，空气潮湿，夏季炎热干燥。首都巴格达市夏季7、8月温度45℃左右，冬季1月温度为4℃。每年6至7月为最干燥的季节，月平均降雨量为1毫米。最湿润的季节在3月，平均降雨量为28毫米。

2. **地形地貌**

伊拉克东北部有库尔德山地，西部是沙漠地带，高原与山地间有占国土大部分的美索不达米亚平原，绝大部分海拔不足百米。幼发拉底河和底格里斯河自西北向东南贯穿全境，两河在库尔纳汇合为夏台阿拉伯河，注入波斯湾。平原南部地势低洼，多湖泊与沼泽。平原以东为扎格罗斯山系的西部边缘。西南部为阿拉伯高原的一部分，分布有叙利亚沙漠。

3. **水系分布**

伊拉克位于四大文明古国之一古巴比伦所在地，有两条著名河流，底格里斯河和幼发拉底河，故称两河流域。

底格里斯河是中东名河，与位于其西面的幼发拉底河共同界定美索不达米亚，源自土耳其安纳托利亚的山区，流经伊拉克，最后与幼发拉底河合流成为阿拉伯河，注入波斯湾。伊拉克首都巴格达正位于底格里斯河西岸。

幼发拉底河是中东名河，与位于其东面的底格里斯河共同界定美索不达米亚，源自安纳托利亚的山区，流经叙利亚和伊拉克，最后与底格里斯河合流为阿拉伯河，注入波斯湾。

（二）自然资源

伊拉克石油、天然气资源十分丰富，石油工业是经济主要支柱。

石油探明储量1469亿桶，约占世界总储量的9%，居世界第5位。天然气探明储量3.16万亿立方米，占世界总储量的1.7%，居世界第12位。伊拉克伴生天然气产量为186亿立方米/年，其中一半以上被燃除。磷酸盐储量约100亿吨。

三、经济状况和发展规划

（一）经济状况

伊拉克经济增长波动较大，由于石油产业占据国民经济主导地位，超过90%的财政收入来自石油收入，国际油价的波动对伊拉克经济增速的影响较为明显。受2015年以来国际油价上涨行情影响，伊拉克国内通胀率由通货紧缩状态急剧上行，货币政策相对收紧，加之常年战乱导致政府采取缩减开支的财政政策以确保财政预算平衡，财政政策和货币政策对经济的刺激和保障作用较为有限。

由于2018年下半年由俄罗斯和石油输出国组织欧佩克组成的维也纳联盟放宽了产油配额，2018年伊拉克实际GDP增速较2017年有所上升。预计放宽产油配额的影响在2019年将继续放大，2019年实际GDP增速上升至4.4%。能源价格下降将不利于伊拉克经济回暖。尽管维也纳联盟面对2017年至2018年上半年国际油价的上涨而放宽了产油配额，但国际油价随后立即进入下跌通道，这将有可能再次更改产油联盟对配额的态度。

世界银行发布的《2020年营商环境报告》显示，伊拉克在190个经济实体中，排名第172位。伊拉克尚未被列入达沃斯世界经济论坛全球竞争力排名中。安全形势动荡、基础设施落后、法律及金融体系不完善，是伊拉克排名靠后的主要原因。

伊拉克经济状况见表2-1。

表2-1　2014—2019年伊拉克经济状况

年份	GDP总量（亿美元）	人均GDP（美元）	GDP增长率（%）
2014	2346.5	6819	0.7
2015	1796.4	4974	4.8
2016	1714.9	4610	11
2017	1977.2	5166	-0.8
2018	2242.3	5641	-0.56
2019	2340.9	5841	4.4

数据来源：世界银行。

（1）GDP构成。据美国中央情报局统计，2017年伊拉克国内生产总值中，投资、消费和净出口的比重分别为19.0%、69.2%（其中，政府消费占18.8%、居民消费占50.4%）和11.8%（出口39.7%、进口-27.9%）。

（2）产业分布。根据伊拉克国家投资委员会数据，2018年三大产业占GDP比重为：农业2%，工业（石油、矿业、电力、水利等）66%；服务业（交通和通信、贸易、金融和保险、服务）32%。

（3）预算收支。伊拉克2019财年预算总额约1120亿美元，其中财政收入891亿美元，赤字为229亿美元。

（4）通胀率。据国际货币基金组织预计，2019年伊拉克通胀率为0.8%，高于2018年的0.4%。

（5）失业率。据世界银行估计，2018年伊拉克青年失业率为

22.6%。失业仍是伊拉克全国性问题，Trading economics 网站预计伊拉克 2019 年失业率为 7.9%。伊拉克政府通过放松管制来鼓励私有企业，为伊拉克公民和外国投资者创业提供更多便利，从而解决就业问题。

（6）外汇和黄金储备：2018 年 10 月 25 日，伊拉克央行宣布外汇储备超过 600 亿美元。2019 年一季度，伊拉克黄金储备 96.3 吨。据国际货币基金组织预计，伊拉克 2019 年底外汇储备约 572 亿美元。

（7）外债余额：据国际货币基金组织 2019 年 7 月预测，伊拉克 2019 年底外债余额约 722 亿美元，占 GDP 比重为 32.2%；世界银行 2020 年一季度预计，伊拉克 2019 年底外债余额约 540 亿美元，占 GDP 比重为 23.1%。IMF、世界银行等对伊拉克外债规模有监控机制，施加一定限制。

表 2-2 2015—2019 年伊拉克政府债务情况（亿美元）

年份	2015	2016	2017	2018	2019
政府债务	1148	1220	1152	1104	1044
政府债务占 GDP 比重（%）	67.7	65.1	58.9	49.3	44.6
政府外债	810	820	695	590	540
政府外债占 GDP 比重（%）	47.8	43.8	35.6	30.6	23.1

资料来源：国际货币基金组织、世界银行等。2019 年为预计数。

（8）主权信用评级：截至 2019 年 7 月 25 日，国际评级机构惠誉对伊拉克主权信用评级为 B-，展望为稳定。

伊拉克重点及特色产业如下：

1. 工业

主要有石油开采、提炼和天然气开采。油气产业在国民经济中始终处于主导地位，为伊拉克支柱产业。伊拉克于 1973 年实现了石油工业的国有化。两伊战争结束到海湾战争之前，伊拉克平均日产原油 350 万桶，最高时达 450 万桶。

由于两伊战争、海湾战争以及国际社会对伊拉克实施全面制裁，其石油设施遭到严重破坏，经济基础设施也基本陷于瘫痪。石油工业逐步走上正轨，石油产量及出口量稳步增长。2013 年伊拉克原油日产量约为 300 万桶，日出口量 240 万桶。2017 年原油日产量约 440 万桶，石油日均出口量约 325 万桶。2018 年伊拉克原油日产量约 440 万桶，日出口量约 384 万桶。2019 年原油日产量约 460 万桶，石油日均出口量约 346 万桶。

伊拉克 70% 的天然气属于石油伴生气，主要产于北部基尔库克油田和南部鲁迈拉油田。伊拉克有 9 个集气站，日处理天然气 0. 42 亿立方米。天然气通过管道输送至位于祖拜尔和巴士拉的液化处理站，经液化处理后出口。北部油区通过油管在黎巴嫩、叙利亚和土耳其的地中海港口输出原油，南部油田通过油管至沙特阿拉伯的红海岸延布油港输出原油。

伊拉克还有炼油与石油化工、纺织、食品、烟草、水泥等工业。

伊拉克国家投资委员会 2018 年 1 月发布的《伊拉克重建与投资》提出石油项目 11 个，包括炼化厂 5 个、油罐区 5 个、海水供应项目 1 个。另有化肥、水泥、化工化学、玻璃等行业项目 30 个。

2. **农牧业**

在国民经济中占有重要地位。两河平原的灌溉农业已有数千年历史。伊拉克的可耕地面积占国土总面积的 27. 6%，农业用地严重依赖地表水，主要集中在底格里斯河和幼发拉底河之间的美索不达米亚平原。

农业人口占全国总人口的1/3，粮食不能自给。主要农作物有小麦、大麦和椰枣等，全国有椰枣树3300余万株，平均年产椰枣约630万吨。输出量居世界首位。畜牧业主要集中在东北部地区，养殖牛、羊、驴、马；西南部干旱高原上有游牧业。

打击“伊斯兰国”战争期间，北部被占领区农业发展受到很大影响，农产品产量较战前下降了40%。小麦、大麦、玉米、果蔬等农产品是尼尼微和萨拉赫丁地区农民70%的收入来源，由此导致当地贫困率上升70%。

2018年1月，《伊拉克重建与投资》提出农业项目88个，以促进农业恢复发展。

3. **旅游业**

伊拉克主要旅游点有乌尔城（公元前2060年）遗址、亚述帝国（公元前910年）遗迹和哈特尔城（俗名“太阳城”）遗址，位于巴格达西南90千米处的巴比伦是世界著名的古城遗址，“空中花园”被列为古代世界七大奇迹之一。此外，底格里斯河沿岸的塞琉西亚、尼姆路德等，均是伊拉克古城名胜。

2018年1月，《伊拉克重建与投资》提出旅游项目10个，主要是酒店重建和修复等。

（二）发展规划

伊拉克规划部于2018年5月发布了2018—2022年国家发展计划，对5年间的宏观经济、社会发展以及包括油气、电力、交通等在内的重点产业做出规划。主要内容如下：

1. **战略目标**

形成良性的政府治理基础；在金融、货币、银行、商业等领域推行经济改革；推动被解放地区重建；改善投资环境，强化私营部门的作用；实现与伊拉克经济增长潜力一致的增长率、增加人均收入，减少失业率；为贫困和弱势群体提供安全保障；促进区域均衡发展，在城市规划和区域优势的基础上，促进城市结构与整体发展目标一致。发展规划从金融、货币、贸易政策三个方面分层次设定了宏观经济目标，其中金融政策的首要目标是校正公共支出结构，货币政策的主要目标是将通胀率控制在个位数，贸易政策的首要目标是提高本国产品竞争力。

2. **宏观经济目标**

（1）财政收入目标。2018—2022 年，按油价 40 ~ 60 美元/桶，出口量 390 万 ~ 400 万桶/天，1 美元 = 1182 伊拉克第纳尔（以下简称“第纳尔”）汇率计算，5 年总收入约为 3723 亿美元，其中石油收入占 84% 以上，非石油收入预计不会有显著增长。

（2）经济增长目标。伊拉克计划在 2022 年将 GDP 提升至 292.5 兆第纳尔，力图实现石油行业 7.5% 增长率、非石油行业 6.1% 增长率、制造业 10.5% 增长率、投资 7% 增长率。5 年间总投资额预计为 1867 亿美元，其中 60% 来自公共预算、40% 来自私营部门。分行业看，石油、基础设施占投资总额比重分别为 38.4% 和 49.5%。人均 GDP 年增长率目标为 4.5%，至 2022 年实现人均 GDP 为 5857 美元的目标。

（3）人口和劳动力恢复目标。5 年内实现难民 100% 回归家园，农村和欠发达地区人口稳定，降低失业率，进一步加强人权保护的法律制度，推动战后重建和发展，实施贫困救助计划。

（4）农业和水利目标。实现 8.4% 农业增长率，将农业占 GDP（不含石油产业）比重从 2015 年的 4.5% 提升至 2022 年的 5.2%。实现水供应年均节约量 5 亿立方米，为居民提供稳定而持续的水资源。

（5）能源行业目标。原油产能至2022年达到650万桶/天，出口量实现525万桶/天，炼化能力实现90万桶/天，石油产品存储能力达到2267立方米以上。同时改进技术，减少油气生产过程中的二氧化碳排放以保护环境。电力产能目标为20869兆瓦，人均电量提升至4041兆瓦时，提高电力系统效率，按家庭、政府、工业、农业、商业类别提高服务质量，合理使用电力，实现年均电力消耗节约率为7%的目标。

（6）交通运输、仓储、通信行业目标。将境内码头、航线储运能力提升至2300万吨/年，初步完成法奥港建设，提高运输效率；升级铁路系统，增加运力，提高伊拉克在联通东西方面的区位优势；增加公路里程，建立现代化交通控制系统；提高电信行业比重，以有竞争力的价格提供高质量通信服务；发挥私营部门在粮仓管理、维护和运营方面的作用，确保安全的粮食储备。

（7）建筑及教育行业目标。完成库区之外70万户住宅的建设，为难民建设10万户住宅，为房地产行业提供融资支持；将幼儿园、小学、初中、高中、职业教育入学率分别提升30%、99%、70%、45%和7%。

四、国家象征和政治制度

（一）国家象征

1. 国旗

伊拉克国旗为长方形，长宽之比为3：2。旗面由红白黑三个平行长方形组成。白色中间有三颗绿色五角星，其间用阿拉伯文写着

“真主至高无上”。四种颜色是泛阿拉伯颜色，分别代表穆罕默德后代的四个王朝。此外红色代表勇猛和革命，白色象征宏大和和平，黑色象征圣战胜利和石油，绿色象征土地。三颗星象征统一、自由、社会主义。

2008 年 1 月 12 日，根据一项提交给伊拉克议会的法案，伊拉克新国旗将伊拉克前总统萨达姆在国旗上的手写体更换为印刷体，国旗上三颗星的象征含义也改为和平、宽容和正义。同日，伊拉克议会通过有修改国旗的临时法案，将旗上代表复兴党口号的 3 颗绿星除去。

图 2-1　伊拉克国旗

2. **国徽**

伊拉克国徽大体框架形成于 1965 年，2008 年进行了部分修改。国徽上的萨拉丁雄鹰是 12 世纪伊斯兰圣战中领导穆斯林抗击十字军东征的库尔德族领袖的纪念物。雄鹰昂首挺胸，舒展双翅，勇猛雄壮，英勇不屈，在阿拉伯世界中代表了崇高、勇敢和强悍，也象征人类历史上最早期文明之一的巴比伦文明。胸部有一枚国旗图案的盾徽，暗示着祖国永在伊拉克人心中。国徽基部绿色饰匾上用阿拉伯文写着国名“伊拉克共和国”。

图 2-2　伊拉克国徽

3. 国歌

2004 年临时政府将《我的故乡》定为伊拉克新国歌。《我的故乡》在整个阿拉伯世界都很流行，原词作者是巴勒斯坦人伊卜拉欣·赫费·投千，在 1936 年巴勒斯坦民众反抗以色列占领的起义中首先唱出，很快便在整个阿拉伯世界中流行开，曾一度成为巴勒斯坦的代国歌。

（二）政治制度

1. 政治

2003 年 7 月，美国占领当局任命组成伊拉克临时管理委员会，并与其就移交权力时间表达成协议。2004 年 6 月，伊拉克临时政府成立。6 月 28 日，占领当局向临时政府移交权力。2005 年 1 月，伊拉克举行过渡国民议会选举，并于 4 月底组成过渡政府。10 月，伊拉克新宪法草案在全民公决中获得通过。12 月，伊拉克举行正式议会选举。在总共 275 个议席中，什叶派政党联盟占 128 席，库尔德联盟占 53 席，两个逊尼派政党联盟共占 55 席。2006 年 3 月，正式议会召开，库尔德人士贾拉勒·塔拉巴尼和逊尼派人士马哈茂德·迈什哈达尼分别出任总统和议长。5 月，以什叶派人士努里·马利基为总理的伊拉克战后首届正式内阁宣誓就职，政治过渡进程基本完成。

2014 年 4 月 30 日，伊拉克举行美军撤离后的首次大选。逊尼派议员萨利姆·朱布里和库尔德议员福阿德·马苏姆分别当选议长和总统，什叶派人士海德尔·阿巴迪出任总理并负责组建新内阁。9 月 8 日，阿巴迪正式出任总理，并完成组阁。

2016 年，伊拉克着力推行政治改革，由技术官僚出任内阁部长，并拟将内阁席位从原来的 22 名减少至 16 名，但困难重重。目前，伊内阁席位仍为 22 名，财政部长、贸易部长和工矿部长分别由高教部长、规划部长和劳工部长兼任。

2018 年 5 月 12 日，伊拉克举行新一届国民议会选举。19 日，伊拉克独立高等选举委员会公布国民议会选举最终结果，什叶派宗教领袖穆克塔达·萨德尔领导的政治联盟获得 54 席，领先其他竞选阵营。选前被一直看好的时任总理海德尔·阿巴迪阵营名列第三，获得 42 席；另一位什叶派人士哈迪·阿米里的阵营名列第二，获得 47 席。10 月 2 日，巴尔哈姆·萨利赫当选为新一届伊拉克总统。

2019 年 10 月起，伊拉克多地爆发大规模示威游行并导致流血冲突，游行造成 500 余人死亡，逾 2 万人受伤；11 月底，时任总理阿卜杜勒马赫迪辞职，伊拉克政府进入看守状态；2020 年 1 月，伊朗伊斯兰革命卫队指挥官苏莱曼尼及伊拉克人民动员军副署长穆罕迪斯在巴格达机场附近被美军空袭身亡，美国、伊朗在伊拉克的矛盾斗争一度激化；2 月起，陶菲克·阿拉维、阿德南·祖尔菲先后作为伊拉克过渡政府候任总理人选组阁失败；4 月 9 日，伊拉克总统萨利赫任命穆斯塔法·卡迪米为新任总理。5 月 7 日，前国家情报局长穆斯塔法·

卡迪米经议会授信投票组阁成功，但22名内阁部长中仍有外交、石油等7个职位空缺，伊拉克国内各派别仍就上述岗位归属问题博弈未休，国内示威游行仍未平息。

2. **宪法**

2005年8月底出台永久宪法草案，并在10月举行的全民公决中获得通过，规定伊拉克实行联邦制，石油资源归全体人民所有，萨达姆集团分子不得参政。但各派在国家生活中的地位、资源分配等问题上尚存争议。伊拉克设总统、总理府（部长内阁）和议会，实际行政权力掌握在以总理为首的部长内阁手中。联邦的行政权力由共和国总统和内阁共同承担；总统由议会2/3多数选举产生，任期4年。总统必须出生时就是伊拉克人，其父母也必须是伊拉克人，年龄在40岁以上。

总统指派在议会中享有多数席位的党团领导人组建政府。内阁成员由总理推荐，总理担任武装部队总司令职务。伊拉克地区政府拥有行使立法、行政和司法的权利；地区政府可以按照需要的方式实行管理，并有权建立自己的“安全组织”，如警察部队、治安部队和卫队等。地区政府在不违反国家宪法的前提下，可以起草自己的法律，确立自己的行政权力机构以及行使这些权力的机制；宪法承认库尔德地区和其作为一个联邦地区现有的力。

伊斯兰教是伊拉克官方宗教，是伊拉克立法的主要依据之一。宪法保证宗教自由。

3. **议会**

2005年10月25日全民公决中通过的宪法规定，伊拉克是拥有完全主权的、独立的联邦国家，实行议会代表制。每10万居民拥有一个联邦国民议会席位，议员代表整个伊拉克人民的利益。每届议会任期

4 年。2005 年 12 月，伊拉克选举产生战后首届正式议会。

2010 年 3 月，伊拉克举行战后第二届国民议会选举。2014 年 4 月，伊拉克举行第三届国民议会选举。7 月 15 日，国民议会选举逊尼派人士赛利姆・朱布里任议长。本届议会共有 328 名议员，任期 4 年。2018 年 5 月 12 日，伊拉克举行新一届国民议会选举，新当选议员 329 人。9 月确定由前安巴尔省省长、逊尼派穆罕默德・哈勒布希担任新议长。

（三）主要党派

为参加 2018 年 5 月大选，伊 200 余个政党和政治实体组成多个政党联盟，主要包括：

（1）胜利联盟：由前总理阿巴迪领导，联合 31 个政治实体。

（2）法治国家联盟：由前总理、现副总统马利基领导。

（3）开拓联盟：由巴德尔组织领导人阿米里领导，以什叶派民兵为主，联合 18 个政治实体。

（4）前进者联盟：以萨德尔运动领导人萨德尔为首，联合伊拉克共产党等政治实体。

（5）全国智慧运动：由伊拉克伊斯兰最高委员会主席哈基姆领导。

（6）国家阵线：由议长朱布里、前副总理穆塔拉克联合前总理阿拉维组建，包括 16 个政党。

（7）伊拉克决定联盟：由副总统努杰菲领衔，包括 11 个党派。

（8）库尔德斯坦民主党：库尔德地区两大执政党之一。

（9）库尔德斯坦爱国联盟：库尔德地区两大执政党之一。

2018 年 9 月，为争夺新议会话语权，前进者联盟、胜利联盟等约

20 个政治派别组建“改革和重建联盟”；开拓联盟、法治国家联盟等组建“建设联盟”，均自称为议会最大党团。

目前伊拉克的党派之争主要集中在前伊拉克时期的执政者逊尼派、伊拉克新政权的得利者什叶派和渴望独立的少数民族库尔德人三者之间。他们往往各怀心机，盘算着自己的利益，在伊拉克政治舞台上演绎着不同的角色。什叶派和逊尼派之间的纷争更是长达千年之久，至今从未停歇，关系十分紧张。

五、政府机构和行政区划

（一）政府机构

目前，伊拉克政府机构主要由总理、副总理领导的内政部、国防部、国家安全事务部、财政部、石油部、外交部、通信部、建设部、文化部、电力部、教育部、人权部、工业与矿产部、劳动力和社会事务部、贸易部、交通部、水资源部、铁道部等相关政府部门组成。

（二）行政区划

伊拉克全国共分 18 个省：巴格达、尼尼微、巴士拉、巴比伦、穆萨纳、纳杰夫、安巴尔、瓦西特、米桑、济加尔、卡迪西亚、卡尔巴拉、迪亚拉、萨拉赫丁、基尔库克、苏莱曼尼亚、埃尔比勒、杜胡克。

六、社会组织和基础设施

（一）社会组织

伊拉克商会联合会与各省商会起着半官方的作用，代表伊拉克私人公司利益，与政府部门和外交使团进行联络沟通。在伊拉克的外国投资公司的名称事先应在伊拉克商会联合会或各省商会进行核对，提交内容包括公司拟用名称、经营种类、投资者姓名和国籍，如确定没有相同名称并缴纳手续费后，再由伊拉克贸易部公司注册处批准注册并颁发营业执照。

点评：

2018 年7 月开始，伊拉克巴士拉省爆发大规模游行示威活动，并逐步蔓延至南部诸省，主要是供水、供电、就业、反腐等方面诉求较大。值得注意的是，伊拉克地方部落势力强大，个别工人的劳资纠纷问题可能引发其所属部落数百人规模的示威活动，示威者往往采取围堵项目现场出入口的方式迫使项目停工，进而要求相关企业满足其要求，对企业人身及财产安全造成一定威胁。2019 年10 月以来，伊拉克爆发大规模示威游行，期间曾有中资项目周边部落或居民提出解决就业、参与分包工程等诉求，需予以关注。

（二）基础设施

1. 铁路

铁路总长 2272 千米，主要有以巴格达为中心的 3 条干线：巴格达–基尔库克–埃尔比勒线，巴格达–摩苏尔–土耳其线，以及苏联援建的巴格达–乌姆盖斯尔港线。

历经连年的战乱、国际制裁以及美伊战争，伊拉克火车线路大部分被损毁，加之年久失修以及美伊战争后动荡的局势下人为造成的破坏，使得伊拉克今日的轨道交通已与 20 世纪 70 年代相比实在是相形见绌。尽管伊拉克的轨道交通在 2009 年底已基本恢复，但安全难以保障，沿线站点不健全，时刻表不可靠和车票价格高等因素，严重制约了轨道交通的发展。

虽然伊拉克战后轨道交通的发展步履维艰，但交通主管部门认为，线路、车站以及服务恢复是伊拉克轨道交通重回正轨的先决条件。部分线路已开始运行，但乘客不多。伊拉克交通部门计划在未来几年内，通过政府的大力投入以及吸引外国企业的投资扩建铁路。

拟建中的法奥港将带动伊拉克全国铁路联网工程，目前，从巴格达至巴士拉的夜间客运线路已开通；巴格达至费卢杰以及什叶派圣城萨马拉的每周一次的列车也得以恢复。伊拉克还计划修建通往叙利亚、约旦、科威特和伊朗等4国的跨境铁路。

2018年1月，《伊拉克重建与投资》提出铁路、有轨电车、地铁项目12个。目前伊拉克政府重点推进的有巴格达轻轨、巴士拉轻轨、纳杰夫至卡尔巴拉的“圣城铁路”等项目。

2. **公路**

国内交通运输以公路为主。公路网遍布全国，总长约5.96万千米，多数建于1991年之前。在海湾战争和伊拉克战争中，伊拉克公路和桥梁受损严重，多数公路已经修复，但一些能够通行的路段路况较差。部分公路可通往土耳其、叙利亚、约旦及科威特等国。2018年1月，《伊拉克重建与投资》提出公路项目5个，其中4个是原有公路的修复。

3. **水运**

伊拉克水运航道5279千米。主要有底格里斯河（1899千米）、幼发拉底河（2815千米）和夏台阿拉伯河（565千米）及人工运河（萨达姆河）等部分水道。伊拉克港口主要包括乌姆盖茨尔港、祖拜尔港、巴士拉港等。港口设备老化、运力不足，成为制约伊拉克战后重建及经济发展的瓶颈之一。目前，拟建中的法奥港由欧洲公司设计，规划规模超过 70 个泊位，建成后将集石油、集装箱、散货、仓储等于一体，成为第一大港口。相关配套工程包括公路及铁路，总预算在百亿美元左右，资金缺口巨大。

2018 年 1 月，《伊拉克重建与投资》提出港口项目 2 个。

4. **空运**

主要有巴格达、巴士拉、埃尔比勒、苏莱曼尼亚、纳杰夫和摩苏尔等 6 个国际机场，哈迪塞、基尔库克有相对较小的民用机场。2003 年，受战争影响，伊拉克航空业陷于瘫痪。2004 年开始恢复部分国际航班，目前巴格达有飞往迪拜、安曼、开罗、伊斯坦布尔、阿布扎比、多哈、法兰克福等城市的国际航线。

伊拉克航空公司已于 2015 年开通巴格达、巴士拉与广州、北京间的直航航线。根据美国中央情报局统计，截至 2013 年，伊拉克共有 102 个机场。

2018 年 1 月，《伊拉克重建与投资》提出机场项目 3 个，主要是机场修复和物流项目。

5. **油、气管道**

截至 2013 年，伊拉克天然气管道 2455 千米，液化油气管道 913 千米，输油管 5432 千米，精练油管 1637 千米。

6. **水供应及污水处理**

伊拉克 81.3% 的人口居住在具备公共供水管道的住宅内。首都巴格达的比例最高，为 98.3%；农村地区的比例最低，仅为 45.6%。农村地区 26.1% 的家庭使用河水和溪水，9.5% 的家庭需要供水车供水，8.2% 的家庭使用井水。

伊拉克国家重建的一项重要任务是恢复供水和污水处理系统，以便为百姓提供可靠的饮用水及生活用水。目前大部分设备老化，而且缺乏正常维护。由于缺少污水处理厂，城市污水一般直接排放到底格里斯河内。供水和污水整治需要大量投资。除外国政府援助外，伊拉克政府拟通过招商引资进行设备和系统更新。

7. 基础设施发展规划

伊拉克计划大力发展铁路、港口、航空等交通基础设施，鼓励外国投资者参与建设。伊拉克交通部曾表示，计划将铁路总里程由目前的2000千米提升至10000千米，并配备时速200～250千米/小时的电气列车。铁路网建成后可覆盖伊拉克主要城市，届时货物免于绕道苏伊士运河，可通过铁路由巴士拉港运至伊拉克与土耳其边境的扎胡市，并由此运往欧洲国家。伊拉克拟建的高速铁路项目主要是北部到南部的东线铁路，西北部到南部的西线铁路。铁路网项目预计耗资600亿美元。

法奥港建设项目是伊拉克打造中东、欧洲交通枢纽的关键步骤，项目包括修建防波堤、7000米集装箱装卸码头、3500米综合装卸码头等。

交通部还计划在什叶派圣城卡尔巴拉修建幼发拉底国际机场，项目金额20亿美元，机场客流量可达600万人次/年。机场建成后将对伊拉克朝觐旅游业起到推动作用，并创造大量就业机会。2018年，交通行业贡献了GDP的约7.8%。

2018年2月，伊拉克国家投资委员会公布了一份包含157个项目的重建计划，以交通、能源、农业等领域为重点，拟争取1000亿美元投资。其中，投资规模超过5亿美元的项目共有16个。一是交通领域，包括巴格达至巴士拉的铁路，投资额137亿美元；巴格达至摩苏尔的铁路，投资额86.5亿美元；巴格达地铁项目，投资额80亿美元。

二是能源领域，伊拉克作为欧佩克第二大原油出口国，拟引入更多投资用于石油下游产业，包括炼油厂、化工厂以及储藏设施。三是农业领域，为改变小麦进口量居高不下的现状，已规划1500平方千米土地开发农业，以实现粮食自给自足，乃至成为净出口国。此外，伊拉克还将重建医院、学校、道路，恢复商业和电信，为年轻人提供就业岗位。

受国际油价下跌影响，伊拉克政府财政吃紧，短期内难以落实相关建设资金和规划。考虑到伊拉克石油资源丰富，长期偿债能力相对有所保障，外国公司正积极研究以投融资模式进入伊拉克，其中在电力领域，“主权担保+电力回购”的投资合作模式已成功取得突破。

七、外交关系

自海湾危机爆发至2003年伊拉克战争爆发前，联合国安理会先后通过63个有关伊拉克问题的决议，对伊拉克实行经济制裁和武器禁运，伊拉克对外处境孤立。伊拉克战争结束后，伊拉克政府着力恢复与各国尤其是与大国和周边国家的外交关系，并逐步获得外界的承认和支持。目前，伊拉克已与近90个国家恢复或建立了外交关系，并恢复了在阿拉伯国家联盟（简称“阿盟”）、伊斯兰会议组织、联合国机构、国际货币基金组织、石油输出国组织等地区和国际组织内的活动。

2010年12月，联合国安理会通过决议，取消根据《联合国宪章》第七章对伊拉克在大规模杀伤性武器、导弹和民用核活动领域的制裁，结束“石油换食品”计划。2012年3月，阿盟首脑会议在伊举行。5月，举办伊朗核问题六国对话会。

2013年6月，安理会解除根据《联合国宪章》第七章对伊采取的强制性措施。2018 年 10 月阿卜杜勒马赫迪政府组建后，对外交往活跃，希望平衡发展与周边国家间关系。阿卜杜勒马赫迪先后出访埃及、伊朗、沙特、德国、法国、土耳其等；美国总统特朗普、国务卿蓬佩奥、约旦国王阿卜杜拉二世、伊朗总统鲁哈尼、俄罗斯副总理鲍里索夫、比利时副总理兼财长德罗等访问伊拉克。2020 年 5 月，卡迪米担任过渡政府总理以来，先后与美国总统特朗普、俄罗斯总统普京及周边国家领导人通电话，并召见主要国家驻伊拉克使节；伊拉克副总理兼财长阿里·阿拉维 5 月下旬先后出访沙特。

（一）同中国的关系

1958 年 8 月 25 日中伊建交以来，两国关系发展顺利。

1990 年海湾危机爆发后，中国根据联合国有关决议中止了与伊拉克的经贸、军事往来。海湾战争后，中国根据联合国安理会“石油换食品”计划与伊拉克进行了一些经贸交往。

2003 年，伊拉克战争爆发，中伊双边关系受到影响。战后，中伊关系实现平稳过渡和发展。

2004 年 7 月，中国驻伊拉克大使馆复馆；10 月，两国互派大使。

2014 年 2 月 23 日，中国外交部长王毅访问伊拉克，会见伊拉克总理马利基、议长努杰菲，并与外长兹巴里进行会谈。2014 年 12 月，中国驻埃尔比勒总领事馆开馆。

2015 年 3 月，中国国务委员杨洁篪访问伊拉克并与伊总理阿巴迪、总统马苏姆、议长朱布里举行会谈。

2015 年 12 月，伊拉克总理阿巴迪访华。中伊双方决定进一步提升双边关系水平，建立战略伙伴关系，并签署 5 个协议和备忘录，包括共建“一带一路”、扩大油气合作等内容。

2017 年 4 月 24 日，外交部长王毅在雅典出席“文明古国论坛”首次部长会议期间会见了伊拉克外长贾法里。同年，伊拉克作为中国在阿拉伯国家的第三大贸易伙伴，双边贸易额达 221 亿美元，同比增长 21.6%。中国从伊进口原油 3682 万吨，同比增长 1.7%。

2018 年，中国与伊拉克贸易总额 304 亿美元，同比增幅 37.33%。中国是伊拉克最大贸易伙伴，伊拉克是中国在西亚北非地区第三大贸易伙伴；中资公司在伊拉克新签承包工程合同额 29.8 亿美元，完成营业额 24.5 亿美元，均在西亚北非地区居第五位；中国进口伊拉克石油 4505 万吨，同比增长 22.37%，是伊拉克最大原油买家，伊拉克是中国在西亚北非地区第二大原油供应国，占我原油进口总量的近 10%。

2019 年 9 月，应国务院总理李克强邀请，伊拉克共和国总理阿迪勒·阿卜杜勒马赫迪对中国进行正式访问。访华期间，伊拉克和中国签署了 8 项协议。在伊拉克财政部与中国出口信用保险公司签署的合作框架之下，这些协议涉及道路、铁路网络、住房、港口、医院、学校、水坝、能源和运输等多个项目，还包括伊拉克电力和制造业方面的合作，以及在巴格达大学建立中文图书馆。这份信贷框架协议开始执行就将投资 100 亿美元，用于修建从伊拉克输送石油到中国的基础设施。这些基础设施由中国公司承建，伊拉克则承诺每天向中国提供 10 万桶石油。除此之外，伊拉克电力部还与中国重机集团签署了一项战略合作协议。

（二）伊阿关系

海湾战争爆发前，伊拉克与绝大部分阿拉伯国家关系良好，同海湾国家关系密切。海湾战争后，阿拉伯国家不同程度地反对伊拉克侵略。海湾阿拉伯国家和埃及、叙利亚、摩洛哥派兵参加多国部队或为多国部队提供方便。战后多数阿拉伯国家停止同伊拉克的官方往来，并要求伊拉克执行联合国安理会的有关决议。但主张维护伊拉克的统一和领土完整。

（三）伊伊关系

两伊战争停火后，伊拉克和伊朗仍处于敌对状态。海湾危机发生后，伊拉克于 1990 年 8 月正式宣布从伊朗领土撤回军队，10 月两国复交。但由于海湾战争中伊拉克让伊朗保管的飞机以及战俘问题未获解决，加之伊拉克指责伊朗支持其南部什叶派穆斯林的反政府武装活动，两伊关系终未得到妥善解决。伊拉克战争以后，大量流亡伊朗的伊拉克反对派回国，并且在伊拉克重建中起重要作用，两伊关系全面改善。

（四）伊美关系

美国和伊拉克之间是战略合作伙伴关系，这其实也就是盟友关系。伊拉克对于美国政治支持、军事援助、经济合作都有依赖。所以伊拉克政府在处理美伊关系上往往慎之又慎。现在的伊拉克本身角色其实是中东地区的地缘缓冲地带。这其实也是由伊拉克本身独特的地理位置，以及民族宗教构成所决定的。伊拉克是一个什叶派为主的国家，但是其本身主体民族却是阿拉伯人。政治的不中立也是导致伊拉克本身长期战乱的主要原因。所以伊拉克在中东地缘政治博弈当中的中立性就显得十分重要。伊拉克本身的这种缓冲和中立地位，其实也是美国希望看到的。这也是为什么美国打造针对伊朗的中东战略联盟，没有将海合会之外的伊拉克叫上的主要原因。其实即便是有意拉拢伊拉克，伊拉克也不会去参加这个组织。因为伊拉克政府很清楚，一旦加入，那么伊拉克自身将再次陷入混乱和冲突。

八、民族和宗教

（一）民族

伊拉克由阿拉伯族、库尔德族、土库曼族、亚美尼亚族等组成。其中阿拉伯人约占78%（什叶派占60%，逊尼派占18%），库尔德人占15%～20%，其余为土库曼人、亚美尼亚人等。

伊拉克国内、教派和种族的冲突由来已久，什叶和逊尼作为国内两大主要宗教派别，互相不服另一方统治，同时什叶和逊尼作为阿拉伯人又和库尔德人之间有争斗，库尔德人想独立成立自己的国家，而阿拉伯人又绝不能让库尔德人从伊拉克分裂出去，库尔德人因此在伊拉克的政治斗争中也扮演着重要角色。

（二）宗教

伊斯兰教是伊拉克官方宗教，是伊拉克立法的主要依据之一。95%以上的居民信奉伊斯兰教（什叶派约占60%，逊尼派约占18%），少数人信奉基督教等其他宗教。

伊拉克的宗教冲突大多出现在同为伊斯兰教的什叶派和逊尼派之间，此外也常发生于伊斯兰教和基督教等不同宗教之间。截至目前，伊拉克各种大小规模的宗教冲突事件已超百余起，这对民众的生活造成了不可忽视的影响。其中造成宗教冲突的主要原因在于民众在面临政府腐败、办事效率低及高失业率情形下对政府当局的不满，这种不满又多出现在各教派对伊拉克现行教派分权制度的抵触之中。

点评：

伊拉克是一个受到宗教影响十分深远的国家，在处理当地问题时，必须时时考虑到宗教因素，认识到宗教势力的重要作用。伊拉克什叶派和逊尼派的宗教势力角力一直未曾停止，这也直接反映在政治选举（议会选举）的结果上。宗教影响政治，政治反作用于宗教。而时至今日，两派支持势力冲突和矛盾日益激化，这对于在伊拉克的中国公司开展正常的生产经营活动将会产生巨大的影响。

因此，中国公司要充分重视所在区域的宗教势力，协调好和当地宗教势力和部落长老的关系，确保宗教势力不影响企业的正常生产。如有可能，还应当充分利用这一力量，来为企业在员工罢工及社区居民游行示威等领域的问题处理提供保障。

伊斯兰教具有独特的宗教禁忌或信仰体系，对宗教的忽略可能会引发冲突，发生意想不到的人身或财产损失。因此，在伊拉克的中国公司管理人员应当充分了解伊斯兰宗教信仰，重视伊拉克当地的节日和风俗习惯，在平时的工作中和与当地雇员的交流中充分表达对当地宗教信仰的理解和尊重；加强对宗教禁忌的了解，避免触碰宗教禁忌引发矛盾，要让当地民众和宗教领袖感受到公司对于当地宗教的尊重。

九、语言和习俗

（一）语言

伊拉克的官方语言为阿拉伯语，北部库尔德地区的官方语言是库尔德语，东部地区有些居民讲波斯语。英语在商务场合普遍适用。

（二）习俗

1. 饮食

伊拉克人的餐桌上一般是看不见刀、叉、勺等餐具的，只有水杯、盘子等食具，他们习惯以右手抓饭入口。他们习惯食用熟透的菜肴，略有生口就不吃。伊拉克不像其他阿拉伯国家那样，在那里可以买到酒类饮料。伊拉克人不吃猪肉，伊拉克南部的什叶派穆斯林不吃兔肉。伊拉克人忌讳左手传递东西或食物。他们视左手为肮脏之手，认为用肮脏之手来传递东西或食物，实际上是对人的一种污辱。他们忌讳客人赴宴餐毕不及时洗手告辞，认为饭后拖延或迟迟不走为贪吃和不礼貌的表现。

伊拉克像大多数阿拉伯国家一样，主要的食物是大米，最广泛的食谱是炒饭。当然，也喜欢吃白面包。伊拉克家家户户都会腌一大罐橄榄，每顿饭之前都嚼上几个。

伊拉克人不太爱吃青菜，最常见的是黄瓜和西红柿，一般是切碎了加点橄榄油和柠檬汁生吃。有时候直接把青菜稍微烤一烤就可以吃了。习惯把枣汁和牛奶、羊奶混在一起食用，并视之为美味佳肴。许多传统菜肴非常接近叙利亚和黎巴嫩菜肴，如烤绵羊肉、烤羊肉串以及某些在炉膛中制的炸肉。伊拉克菜肴具有较浓烈的味道，使用很多辣椒、葱、蒜以及各种各样的辣根和香料。相当普遍地吃用水果制的甜食、馅饼等面食，以及酸奶、酸乳渣和奶酪。伊拉克人不吃凝汁菜肴，很少饮用醇饮料。较普遍饮用的是含很多泡沫的酸奶和各种果汁类饮料，如扁桃汁。

2. 着装

在巴格达市及周围地区，人们穿着较为开放一些，男穿西服者众多，而女戴面纱者渐少。而在伊拉克不同地区，人们着装也有所差异。常见的民族服装是，男人的白衬衫又长又大，裤子是白色棉布做的“谢奥尔”，脚穿敞口鞋或皮凉鞋。北方库尔德男子在衬衫外罩一件宽松的外衣，脚穿软底拖鞋或凉鞋。虽天气炎热，但男士一般不穿短裤外出。伊拉克男子有“蓄须为美”的习俗，凡是成年男子一般都蓄须。

巴格达妇女一般穿长袖宽松的束腰连衣裙，以黑色和绿色为主。她们喜欢戴金、银质手镯和珠宝项链。中部和南部妇女常在束腰衣裙袖边上绣花或镶上花边，蓝色衣服绣上白色、金色丝线，醒目美观。

在什叶派的圣地，女伊斯兰教徒不准穿戴西方服饰。到处可以看到穆斯林严格遵守伊斯兰教传统。许多伊斯兰教的重大节日被规定为国家节日，其间国家机关全部停止工作。

3. **交际**

伊拉克人没有姓，彼此习惯称名。他们名字的组成是“本人名+父名+祖父名+曾祖名”等。流行职衔、学衔等衔称。与客人见面，行握手礼，客人告辞时，行贴面吻别礼。熟人相见，也常行穆斯林传统礼节，即拥抱、贴面，然后鞠躬、抚胸，说祝愿的话。女子之间贴面、吻礼更为多见。

日常交往中，人们常常以微笑和点头对待别人，这不是表示赞成，而是出于对人的礼貌。交谈时，注意要正视对方，不可目光游移旁视，这不仅失礼，甚至被认为是在侮辱对方。交谈时，忌讳双手交叉，认为这是令人厌恶的失礼行为。

4. **其他**

在伊拉克，绿色代表伊斯兰教。有三种色彩含有特殊意味，即客运行业用红色作代表，警车用灰色作代表，丧事用黑色作代表。绿色是阿拉伯人喜爱的颜色。国旗的橄榄绿，在商业上是禁止使用的。这个国家有个民族叫亚兹迪人，是拜火教徒，因此对孔雀顶礼膜拜，他们甚至不吃公鸡，因为公鸡像孔雀。他们认为蓝色不吉利，伊拉克人忌讳蓝色。禁忌以猪、熊猫、六角星做图案。“13”为禁忌数字。

点评：

中资企业和人员需了解和尊重伊拉克当地的风俗习惯，处理好与当地居民的关系。积极参与当地的社会活动，同时与当地雇员保持良好关系，在工作和生活中为当地员工提供方便。遇到节假日，要主动表示祝贺。要教育中国员工特别注意在公共场合的文明举止，不大声喧哗，着装干净整洁，树立中资企业的良好形象。

中伊同为文明古国，伊拉克也是中国“一带一路”倡议的重要合作伙伴。在“走出去”的过程中，中资企业应在尊重当地习俗的基础上，注重弘扬中国传统文化，把中国优秀的文化带到伊拉克，增进两国人民友谊。

（三）商务礼仪

同其他阿拉伯国家一样，在伊拉克从事商务活动，不要急躁。每天午后，大都有午休2小时的习惯。在午睡的时间里，不要到人家里去访问。星期四为周末，公务机关有例行的内部聚会，所以不能前去拜会洽谈。

商务活动应穿着保守式样的西装。访问大公司或政府机关须先预订约会，主人不能按时到达也是常有的事情。和其他的中东国家相似，每次拜会，平均总得喝两杯土耳其咖啡、甜茶或饮料。在当地须注意，不要赞美别人所持有的东西。据说，在他们看来，赞美含有“我想要”的意思。例如赞美别人的太太说“好漂亮”或“好美”的话，丈夫就会变脸色，也许以后就不再和你交往了。

商务交往，销售姿态须低。对方喜欢以一群人同时和你谈判。所以最好请对方在咖啡店单独谈，以免干扰。到伊拉克，宜持印有阿拉伯文和英文对照的名片。当地商人多能说英语、法语。应邀至对方家中作客，勿忘携带礼物。伊拉克已渐允许女主人出现于家庭宴会，事先可谨慎地问一下，如果女主人会出现，也应携赠一礼物，但勿送太个人化的礼物。

（四）节假日

（1）法定工作时间。伊拉克法定工作时间是每周日至周四，8：00—15：00，没有固定午休时间，有茶歇。

（2）主要节假日。真主诞生日（伊斯兰教历1月1日，放假1天）、穆斯林新年（伊斯兰教历2月17日，放假1天）、建军节（公历1月6日，放假1天）、国庆节（公历4月9日，萨达姆垮台日，放假1天）、五一劳动节（公历5月1日，放假1天）、开斋节（放假3天，每年根据伊斯兰教历确定）、宰牲节（放假4天，根据伊斯兰教历确定，一般开斋节后70天为宰牲节），还有什叶派的阿舒拉节（一般放假一周）。

十、货币与物价

（一）货币兑换

伊拉克货币是伊拉克第纳尔，ID标准符号：IQD。由伊拉克中央银行发行。辅币单位费尔，1第纳尔=1000费尔。

伊拉克第纳尔纸币有50、250、1000、5000、10000和25000第

纳尔。

铸币有 5、10、25、50、100、250、500 费尔和 1 第纳尔。

从 2004 年始，伊拉克新货币第纳尔入市流通，当时 1 美元兑换 1500 第纳尔。得益于伊拉克央行外汇储备的增多和阻止第纳尔贬值的金融政策，第纳尔逐渐升值。除石油外，伊拉克可供出口的产品很少。与工业化国家货币升值后影响出口的情形不同，伊拉克与其他产油国家一样，本国货币价值升降与油价关系不大。

表 2-3　伊拉克第纳尔兑美元汇价（1 美元兑换第纳尔）

年份	2016	2017	2018	2019
汇价	1184	1250	1230	1186

资料来源：伊拉克央行。

2021 年 1 月 28 日，人民币对第纳尔汇率约为 1：225，美元对第纳尔汇率约 1：1459。

人民币与伊拉克第纳尔不可直接结算。

（二）消费水平

目前伊拉克实行政府平价供应和市场自由供应两种供应制度。政府向每位伊拉克公民平价供应包括大米或面粉、糖、茶叶、芸豆、肥皂、牛奶（只给 1 岁以下婴儿）等生活必需品，由政府食品供应站根据政府发放的供应票按月提供。其他如肉类、蔬菜、鸡蛋等，在自由市场按市场价购买。牛肉市场价每千克约 16000 第纳尔（约 11 美元），鸡蛋每 30 个约 5000 第纳尔（约 3.5 美元）。

平均每户家庭 35.6% 的支出用于购买食品，库区埃尔比勒省比例最低，为 24.1%；安巴尔省最高，为 44.5%。每户家庭平均 29% 的支出用于房租、水、煤气、电、燃油等，10.4%用于交通。在耐用消费品方面，93.5%的家庭拥有电灶或燃气灶，88.9%的家庭有冰箱，88.3%的家庭有卫星接收装置。其他如洗碗机、摩托车、计算机、自行车，拥有的家庭分别占伊拉克家庭总数的0.2%、3.3%、7.4%和15.7%。

（三）小费

计程车免小费。饭店、旅馆小费10%。其他服务每次50或100第纳尔小费。

十一、金融与银行

（一）外汇管理

伊拉克政府明确表示，凡得到有效文件或证件支持，对涉及汇率的现钞和资本交易在实际中没有任何限制。但这并不意味着货币兑换可以完全自由进行，在实际操作中尚存在许多未知数。

根据伊拉克国家投资法条款规定，外国投资者可以通过银行将资本或资金转至伊拉克境内或境外。

（二）银行

伊拉克央行负责制定货币政策。根据伊拉克注册会计师法第56号令，政府对央行进行了重组，使它成为一个法人公共实体，具有财政和行政独立性。伊拉克的银行体系包括7个国有商业银行，最大的两个分别是拉菲丁银行和拉希德银行，合计资产约占伊拉克银行资产的96%；还有央行批准的32家私人银行和6家伊斯兰银行；另有央行批准的11家外资银行在伊拉克银行中有战略投资。

然而，绝大多数的银行业务仅限于为基本客户提供个人转账或信贷业务。私人银行的主要业务是为中央政府向省级主管部门或个人进行财务转账，而不是提供企业贷款等业务。伊拉克的货币流通仍主要基于现金。从真正意义上的金融中介角度讲，伊拉克银行相差甚远。

根据注册会计师法案第 20 号令，伊拉克贸易银行作为一个独立机构于 2003 年成立。贸易银行的主要目的是提供金融及相关服务，以促进进口贸易。

1. 国有银行

（1）伊拉克央行。成立于 1947 年，现有员工约 2000 人，代表政府制定金融和货币政策，对金融机构和市场进行监督管理。网址：www. cbi. iq。

（2）拉菲丁银行。伊拉克第一大国有商业银行，成立于 1941 年，隶属于伊拉克财政部，是政府控股的股份制合资商业银行，现有员工 7500 人，在全国有 147 个分支机构，并分别在约旦、英国、巴林、埃及、黎巴嫩、阿联酋和也门等国建有分行。除储蓄外，其业务还包括国际结算和转账、国际贸易和投资项目融资、提供政府和消费信贷、开立信用证等。网址：www. rafidain-bank. org。

（3）拉希德银行。伊拉克第二大国有商业银行，成立于 1988 年，现有员工约 7000 人，在伊拉克有 160 个分支机构，主要经营国内业务，除储蓄外，提供贷款和项目融资。

（4）伊拉克贸易银行。伊拉克第三大国有商业银行，成立于 2003 年 11 月，现有员工 200 人，在全国有 4 个分支机构。网址：www. tbiraq. com。

2. 上市股份制银行

伊拉克有 6 家上市股份制银行，规模较小，只能经营国内业务，仅限于国内货币（第纳尔）储蓄结算和项目融资等商业服务。这 6 家银行分别是：

（1）伊拉克投资银行。

（2）伊拉克阿尔巴拉卡投资和融资银行。

（3）伊拉克商业银行。

（4）伊拉克信贷银行。

（5）伊拉克国民银行。

（6）伊拉克海湾商业银行。

（三）银联

目前，伊拉克境内部分 ATM 机可使用银联卡提取美元，寻找带有银联标志的 ATM 机即可。

（四）信用卡

部分商店和宾馆饭店可使用当地银行发行的信用卡或国际信用卡，如 VISA 卡、MasterCard 卡等。

（五）保险

伊拉克保险业发展较滞后，保险公司包括伊拉克国家保险公司、法鲁克控股公司下属的亚洲保险公司、伊拉克保险公司等。部分国外保险公司也在伊拉克开展业务。

（六）融资

伊拉克融资环境欠佳，外国企业在当地融资较为困难。针对伊拉克财政紧张的境况，部分国家对本国企业在伊开展业务提供了融资支持。根据 2019 年预算案，伊拉克部分重建项目可从世界银行、德国开发银行、日本国际合作银行、英国出口融资机构、科威特经济发展基金、中国出口信用保险公司等获得融资支持。

十二、通信和电力

（一）通信

伊拉克国内长途电话区号是00964，按国际标准写法伊拉克电话号码通常写成也写作“00964-地区号-地本地号码”或“00964-手机号码”。例：伊拉克巴格达某用户的手机为：00964-17115342424。

伊拉克固网主要由伊拉克通信部国有运营商伊拉克电信邮政公司所有，发展缓慢，用户流失严重，目前约有72万用户。

伊拉克移动用户发展非常迅速，现有的GSM运营商是ASIACELL、ZAIN、KORAK及部分地方运营商，用户总数约3480万。中国华为技术有限公司和中兴通讯有限公司在伊拉克设有分公司。

伊拉克互联网业务发展较快，用户不断增加，但网速较慢，价格昂贵。主要网络公司为Earthlink。

目前伊拉克通信行业缺乏软件顾问和工程师等人才，急需大量的通信设备和网络。在偏远地区手机信号较差，目前中央政府管辖区域使用3G移动网络，库尔德区可使用4G移动网络。

（二）电力

伊拉克电力严重缺乏，电网陈旧。公共电网是家庭和个人用电的主要供应渠道，但每天平均供电不足8小时。在夏季用电高峰，伊拉克用电需求约为2.1万兆瓦，装机容量约为1.4万兆瓦，供电能力仅约1万兆瓦。伊拉克需要从伊朗、土耳其等国进口电力。

2018年1月，《伊拉克重建与投资》提出电力项目12个，包括5个火电站、7个太阳能电站。

十三、医疗和安全

（一）医疗

据有关资料统计，伊拉克药品主要依赖进口。同时，伊拉克境内已有高达75%的医生、药剂师和护士移居国外。据伊拉克医生联合会统计，在伊拉克拥有15～20年及以上从业资格的注册专业医师中，如今有60%～70%的人已离开，而专家级的资深医师离开的比例高达80%。另外，由于电力供应不足、医疗设备缺乏、医务人员人手不足，伊拉克境内的诊所和医院通常大多只能为病人实施简单的救治。总体来看，伊拉克的医疗水平有待提高。

据世界卫生组织统计，2015年全国经常性医疗卫生支出占GDP的3.4%，按照购买力平价计算，人均经常性医疗卫生支出481美元；2016年，人均寿命为59岁。伊拉克主要传染性疾病有乙肝、细菌性腹泻、伤寒、流感等。2018年，伊拉克（不含库尔德自治区）共有医院380所，健康中心1620所。

伊拉克战后重建进程缓慢、医疗体系脆弱、应对新冠肺炎疫情能力十分有限，对疫情有不同程度的恐慌情绪。2020年2月1日起，伊拉克政府开始限制中国公民及有中国旅行史的第三国公民入境，之后限制的国别范围不断扩大。

为统筹“抗疫”工作，伊拉克先后成立了由卫生部长牵头的新冠肺炎疫情危机应对小组和由总理牵头的应对新冠肺炎疫情最高安全与健康委员会，联邦议会、各省、各部委也按要求成立了各自部门的危机小组。

2020 年 2 月 24 日，伊拉克纳杰夫省确诊首例新冠肺炎病例，系来自伊朗的宗教学生；3 月初伊拉克疫情已进入社区传播阶段。伊拉克政府很快采取了禁止聚集、限制疫情国家公民入境、全面戒严、公共场所停止营业、禁止人员跨省流动等措施，并于 3 月 17 日停飞所有国内、国际航班，伊拉克断航。

随着新增病例数减少，2020 年 4 月底进入斋月后，伊拉克政府将全面戒严改为部分戒严，允许民众白天自由流动，夜间和周末仍然执行全面戒严。随着管控措施放松，伊拉克境内新增病例迅速上升，至 5 月 13 日首次出现单日新增确诊病例破百情况，巴格达、巴士拉等人口集中大城市增速明显。伊拉克政府随即下令在开斋节假期重新执行全面戒严，并对巴格达疫情较为严重的区域实施戒严。

伊防疫措施执行弹性大、时间长、反复性强，各类限制措施不断延长，给经济社会各项活动带来不便，民众心存不满。

新冠肺炎疫情严重影响了伊拉克财政收入。伊拉克政府财政主要支出是发放公务员、军警、国企雇员工资和退休金，仅此一项每月需要约 30 亿美元维持。伊拉克财政收入的 90% 以上来自石油出口，因而对国际油价变化极为敏感。国际油价受疫情等因素影响大幅下降，2020 年 4 月伊拉克石油收入仅为 14.23 亿美元，同比下降 79%。据伊拉克议会财政委员会估算，如果油价长期维持低位，2020 年赤字将由 575 亿美元扩大到 625 亿美元。

伊拉克的疫情防控措施对经济活动造成负面影响。政府部门放假或减员上班，行政审批效率进一步减慢；断航导致人员往来停止，在伊中资企业项目人员无法正常轮换，两国间商贸人员往来暂停；跨省交通暂停，导致项目所需设备、材料无法及时运抵项目现场，施工进度受影响。新冠肺炎疫情对经济的影响还反映在重建进程上。石油部要求在伊拉克的外国石油公司减产、暂停项目施工、压减预算 30%，同时不能解雇伊拉克员工。

截至 2021 年 1 月，随着全球新一轮的疫情暴发，伊拉克疫情仍未得到有效控制，社区传播没有阻断，“清零”遥遥无期，每日新增病例数不断创下新高。

（二）安全

1. 游行示威活动

2019 年，中东地区动荡频频，阿尔及利亚、伊拉克、黎巴嫩、伊朗先后发生大规模民众反政府示威游行，共造成上千人死亡、上万人受伤。自 2019 年 10 月以来，伊拉克多地爆发抗议示威活动。示威者提出要就业、反腐败、提升社会服务水平、保障民生等诉求，随后街头运动转变为政治斗争，要求阿卜杜勒马赫迪政府下台并提前举行议会大选。期间，示威者与军警等强力部门发生严重流血冲突，造成大量平民伤亡。11 月 30 日，阿卜杜勒·马赫迪宣布辞职，伊拉克政府转入看守状态，准备推选过渡政府总理，并由过渡政府组织提前大选。直至 2020 年 5 月 7 日穆斯塔法·卡迪米经议会授信投票组阁成功，但 22 名内阁部长中仍有外交、石油等 7 个职位空缺，伊国内各派别迄未就上述职位归属问题达成一致。

卡迪米组阁成功后，巴格达、巴士拉、卡尔巴拉、瓦西特等省份爆发新一轮示威游行，提出确定提前大选日期、清算杀害示威者凶手、地方政府下台等一系列诉求，给伊政局和国内社会基本面带来不利影响。此次游行示威规模大、时间长、伤亡高，对伊拉克政治、经济、重建进程等造成了负面影响。

从短期看，示威游行期间，伊拉克强力部门与示威者、示威者与政党之间的冲突造成了严重人员伤亡和财产损失，进一步加剧了伊拉克各党派、族群间的矛盾；伊拉克政府为尽快控制局势，采取了宵禁、断网等措施，对当地生活造成极大不便。

从长期看，为安抚示威者，政府机构、国企招聘大量失业人员，国防部、内政部召回退役人员，导致财政负担增加，对 2020 年预算造成压力，伊拉克议会财政委员会曾形容 2020 年预算赤字规模为“前所未有”。由于政府转入看守状态，无权提交法案，导致法案、大型重建项目无法通过，这其中就包括 2020 年预算法案。至 2020 年 5 月底，伊拉克 2020 年预算法案仍未得到通过。

据统计，伊拉克有 58% 的人口是 24 岁以下的青年人，其中大约有 30% 是失业者，形成了主要不稳定因素。鉴于强大的政治既得利益，政府无法实施为快速增长的人口提供足够工作或减少腐败所需的结构性改革。

2020 年疫情发生以来，伊拉克与邻国伊朗是病毒感染最严重的地区之一，尽管两国之间的边界关闭，伊拉克当局也确认感染和死亡人数在上升。然而，伊拉克示威者坚持认为“压迫和恐惧比冠状病毒更为危险”，并一贯表明了继续进行所谓的“2019 年 10 月革命”的意愿。

伊拉克社会动荡，示威游行频发的主要原因包括：

其一，最主要的原因是政府的腐败和不作为，致使战后重建工作效果不佳，相当一部分设施停滞不前，使民众的愤怒到达了顶点。

其二，随着伊拉克政府亲美势力逐渐被其他势力取代，或者其他政府势力逐渐崛起，威胁到美国在伊拉克的利益，美国自然不会善罢甘休，不排除背后搞小动作的可能。

其三，伊拉克国内宗教势力众多、外部及残留的伊斯兰国势力也暗中渗透。而别有用心的势力，借助伊拉克普通民众的示威游行而搞一些破坏活动，甚至制造一些流血事件。

2. **恐怖袭击**

与伊朗结盟的什叶派民兵——“人民动员力量”打算将美军从伊拉克驱逐，越来越多的袭击可能集中在军事基地。“伊斯兰国”可能旨在利用美国和伊朗之间的对抗，对伊拉克中部和北部的安全部队和能源资产进行更复杂的袭击。针对西方人的袭击和绑架风险增加。当前，“伊斯兰国”恐怖组织虽然受到重创，在失去其主要影响地区的绝对控制后，其在短时间内不会彻底消亡，仍然存在于山区或沙漠地区，袭击方式可以是通过其组织分支，也可能是通过“独狼”的形式，用菜刀或卡车等发动无差别的袭击，也可以对地方官员等进行精准袭击或暗杀，但做些大的动作的能力有限。此外，“伊斯兰国”组织可能利用政治动荡和安全局势恶化的机会，重组其队伍，为在伊拉克境内开始新的恐怖主义行动做准备，目的是向外界发出一个信号，即尽管过去遭受过沉重打击，它仍然保持不败。

2020 年第一季度发生了 566 次攻击，同比增长了 94%。攻击次数几乎成倍增长。

2020 年新冠肺炎疫情发生后，“伊斯兰国”大大加快了对伊拉克北部偏远村庄的袭击，夜间袭击、诡雷、绑架、设立假路障和自杀式炸弹袭击发生的次数越来越多。“伊斯兰国”利用全球新冠肺炎疫情之机，大肆扩大游击战。其突击队主要在伊拉克西部和北部的逊尼派省份、叙利亚东部以及叙伊 600 千米长边界沿线人迹罕至的沙漠地带活动。

当前最大的威胁来自与伊拉克–叙利亚边界相邻的贾兹拉和巴迪亚地区，此外，迪亚拉省哈姆林山区以及萨拉赫丁省西南部的 IS 活动不断增加。据统计，在 2019 年，迪亚拉是受攻击最严重的地区（550 次），排在第二位的是尼尼微（293 次），此后依次为：基尔库克（228 次）、巴格达（214 次）、萨拉赫丁（142 次）和安巴尔（105 次）。而在 2020 年第一季度，迪亚拉的袭击次数仍然最多（140 次），其次是巴格达（106 次）和尼尼微（97 次），安巴尔排名第四（81 次），尼尼微的袭击数量与此前相比大幅下降，目前排名第五（47 次），基尔库克排名第六（46 次）。

频繁发生的恐怖袭击事件表明，恐怖主义仍然威胁着伊拉克，“伊斯兰国”仍然能够针对伊拉克和其他国家的平民人口发起致命攻击。根据 IBC（Iraq Body Count）对伊拉克军事干预造成的暴力死亡事件统计看，2020 年 1—4 月分别造成 114 人、147 人、73 人、50 人的伤亡，与高位时期相比有了较大幅度的下降。

3. **骚乱或罢工事件**

基于目前伊拉克的政治局势、安全治安状况、人民生活现状，社会机构或团体时常举行抗议或罢工活动，其中大多数为抗议当地政府。值得注意的是，如果外资企业的当地管理制度、酬薪制度、休假制度、用工制度，以及与当地雇员的关系上，不能与当地的法律、宗教文化等相契合，加上当今伊拉克社会枪支武器泛滥现象，极易造成恶性群体性骚乱与罢工，甚至升级为冲突事件，或遭到恶意性报复行为。

另外，项目所在地社区关系处理不善导致地方社区恣意生事，项目所涉及的当地利益相关方，如土地问题、交通问题、资源使用、供应问题，或是个别外籍员工与当地民众的宗教文化摩擦，均有可能造成当地政府、社区或组织的侵扰或酿成骚乱事件，并且这一现象在伊拉克南北部普遍存在。

2020 年 10 月，驻伊拉克共和国大使馆经济商务处发布《关于提醒中国企业谨防贸易诈骗的通知》，通知中指出，伊拉克个别不法商人在与中国企业开展贸易过程中，先以小额贸易为诱饵，如期支付货款，在获取我企业信任后仅以少量定金大额下单，实施诈骗。

当前国际经济及贸易形势不确定因素增加，部分企业财务状况紧张，履约能力降低。使馆提醒各企业在对伊大宗贸易过程中应注意防控风险，谨防个别不法商人设套，以免上当受骗。

Chapter 3

第三章

前往伊拉克手续办理及相关须知

一、伊拉克签证的办理

（一）伊拉克签证类型

赴伊签证分为：旅游签证、商务签证、留学签证、探亲签证、医疗签证、过境签证。

由于办理落地签证在实际操作上存在不确定因素，赴伊中国公民宜在伊驻华使馆提前申请办理签证。原则上可以申请30天的旅游签证，但成功率比较低。

（二）申请流程

（1）签证申请人确定赴伊目的和行程计划。

（2）向伊驻华使馆领事处咨询有关签证办理信息，索要签证申请表。

（3）准备签证申请所需材料。

（4）到伊驻华使馆办理签证手续。

（5）等候审核。

（6）领取签证。

拿到签证后，应及时仔细核对签证上的各项信息是否正确，尤其是签证有效期的起止时间及停留天数是否与所申请的相符，签证上的个人信息如姓名拼写是否正确，如发现任何错误，应及时与驻华使馆联系。

（三）签证材料

（1）签证申请表（填写完整并签字）；

（2）有效护照，有效期至少6个月；

（3）护照照片两张；

（4）签证申请表、身份证；

（5）其他相关证明材料。

①学生签证。需要入学通知书或提供文件证明其将继续在伊拉克学习。

②工作签证。需工作许可证。

③商务签证。需派遣函（加盖单位公章，由负责人签名）、中方公司营业执照副本及组织机构代码证复印件（要有当年年检章，加盖公章）。伊拉克邀请方的材料：邀请人到伊拉克内务部办理的邀请函，传真件或扫描件均可。

（6）机票酒店订单。

（7）无艾滋病检验单。

点评：

伊北部的库尔德地区实行自治，在伊中央政府办理的签证和居留证在库区有效，但在库区办理的签证和居留证不适用于库区以外的伊其他地区。

（四）签证费用

一次入境300元人民币，多次入境750元人民币。

（五）签证信息

（1）入境签证。伊方签发3个月有效1次入境签证，或3个月至1年有效多次入境签证，每次停留期为10天。

（2）过境签证。伊方签发3个月有效准许停留7天的过境签证。

（3）访问签证。伊方通常为申请人签发一次入境或一年多次入境签证。停留期从21天至120天不等。

签证可申请延期，入境后在出入境管理局办理相关手续。但总天数不能超过 90 天。从 2010 年 1 月 1 日开始，凡进入伊拉克的外国人，停留期超过 10 天的，出境时还需到伊内政部办理出境签证，手续费约 100 美元，外交护照例外。

（六）办理工作签证

办理工作签证有两种方式：

（1）劳务人员来伊拉克之前由雇主根据双方签订的合同到伊劳动部和内政部申办工作许可证，然后再到伊拉克驻各国使领馆办理来伊签证，前提是伊内政部必须通知伊使领馆。

（2）劳务人员由雇主邀请持短期签证来伊后，双方签订雇佣合同，由雇主负责到伊劳动部和内政部申办工作许可证和长期居留签证。长期居留签证一年一签，到期 30 天前申办。

（七）入境伊拉克签证其他须知

（1）外国人可以持邀请函、入学通知书、工作许可证等相关证明赴伊拉克各国使领馆申请旅游签证、访问签证、宗教签证、学生签证和长期居留签证等，但均需获得伊拉克内政部批准并出具批件，外交护照持有者可免签入境停留不超过 30 天。

（2）外国人亦可持内政部批件复印件，到伊机场办理落地签，前提是该批件原件已发至机场。由于办理落地签在实际操作上存在不确定因素，建议赴伊中国公民在伊驻华使馆提前申请办理签证。

（3）办理伊工作签证可在劳务人员赴伊之前由雇主根据双方签订的合同到伊内政部报批，待伊内政部批准并通知伊驻各国使馆后，前往使馆办理赴伊签证。

（4）建议赴伊拉克库尔德地区的中国公民，除外交护照持用者外均应提前办妥伊拉克签证和库区入境许可。库区入境许可有旅游、访问、学习、探亲等种类，申办时需在线提交护照信息页扫描件，填写入境许可申请表，缴纳费用等。持旅游及访问入境许可，一般可在库区停留30天，停留期超过30天将被处以罚款并承担相应法律后果。

库区入境许可办理网站：http：//evisa. moi. gov. krd。

（八）伊拉克驻华大使馆信息

地址：北京建国门外秀水北街25号

工作时间：周一至周五上午9：00—下午2：00

电话：010-65323385、65321873、65323248（文化处）、65321394（商务处）

传真：010-65321596、65322430（文化处）、65324496（商务处）

点评：

由于中东地区政局时常不稳定，此类国家有时会不受理签证申请，或者签证办理时间可能会延长，在签证未确认签出前，建议不要急于买机票及安排行程。

二、伊拉克出行前的注意事项

（一）注意事项

1. 签证和入境须知

中资人员工程项目，被批准进入伊拉克，要向伊驻华使馆申办入境签证，入境十天以内到伊内政部办理居留手续。办理居留手续需出具伊合作机构证明，注明合作双方单位名称、合作项目和工期及居留时间，每次办理半年（库尔德地区一年）居留期，项目工期超过半年的，需在居留期满前申办延期手续。

私企公司前去伊拉克商务投资或贸易出口考察，须持有伊拉克官方机构邀请函，要向伊驻华使馆申办入境签证，再需伊内政部审批，签证申请审批时间为 20 ~ 30 日，入境有效期为 10 天，如需延期需获得伊拉克政府经贸部门审批。

所有外国人在伊入境时必须提供未检出高风险传染性疾病的验血报告（体检证明）。外交护照持有人，年龄超过 60 岁的男性、超过 50 岁的女性及不满 14 岁的儿童除外。

2. **安全防范措施**

中国公司进入伊拉克后，应将项目名称和所在地、负责人姓名、联系电话、履行项目人数、人员增减变化情况、项目进展情况及时汇报中国驻伊拉克大使馆。

为保证安全，如在相对安全稳定的绿区库尔德地区以外，为伊拉克履行合同项目的中国公司人员、个体经商人员及其他中国公民如无特别需要，尽量不要前往人群聚集的地方。外出需随身携带护照和有效签证及居留证等证件。

3. **出入海关携带物品**

伊拉克海关对旅客携带的行李进行检查，超过免税范围的物品须缴纳关税。除自用的衣物、食品等行李外，进入伊拉克海关可携带香烟 200 支或雪茄 50 支或烟草 250 克、酒类 1 升、香水 500 毫升等。书籍、录像带、录音带的携入，原则上是禁止的。

出关禁止携带电子产品，疫苗、病毒，毒品、化学品，动物，淫秽刊物，武器，生鲜水果、蔬菜、肉类及奶制品。

进出关携带货币种类和数额尚无明确规定。

4. **自然灾害**

伊拉克春秋季沙尘暴多发，夏季酷热高温，冬季降雨较多。城市排水设施不完善，如遇高强度降水，容易发生城市内涝。

5. **食品卫生**

自来水处理净化程度不够，不宜直接饮用，建议尽量饮用瓶装水。

点评：

需要特别注意安全问题，除绿区库尔德地区保持相对安全稳定多年以外，有些地区依然会有偶发爆炸事件，特别是巴格达在内的伊拉克中西部地区。中国公司、经商人员和个体务工人员及其他中国公民，中资公司出行前需报上级主管部门批准；私企公司和中国公民前往投资和贸易考察，需通过合法途径在国内办理签证，不能在没有获得伊拉克签证的情况下，试图经第三国陆地非法进入伊拉克，入境和出境伊拉克最好乘坐飞机。

（二）伊拉克紧急求助电话

警察：104

医疗：122

火警：066155

中华人民共和国驻伊拉克大使馆联系方式

办公地点：MAHALA 929，ZUKAK 25，BUILDING NO. 33，ARASAT AREA，BAGHDAD，IRAQ.

办公时间：08：30—16：30（周五、周六休息）

联系电话：00964（0）7901912303

领保电话：00964（0）7901912315，00964（0）7901912305

网址：http：//iq. chineseembassy. org/chn/

使馆电子邮箱：chinaemb_ iq@ mfa. gov. cn

领事部电子邮箱：consulate_ iq@ mfa. gov. cn

中华人民共和国驻埃尔比勒总领馆联系方式

办公地点：Gulan Street （south west of Naz City），Erbil，Kurdistan Region，Iraq.

办公时间：08：30—13：00，16：00—18：00（周五、周六休息）

联系电话：00964（0）662103902 转分机号 8006

领保电话：00964（0）7515477820

电子邮箱：chinaconsul_ erbil@ mfa. gov. cn

Chapter 4

第四章

伊拉克有关法律规定

一、在伊拉克投资注册企业需要办理的手续

（一）设立企业的形式

可以是分公司、独资、合资、合作、有限责任公司和代表处等形式。外国公司在伊拉克采用的主要企业形式有：分公司、代表处和有限责任公司。

（二）注册企业的受理机构

伊拉克贸易部下设的公司注册处负责公司实体的注册登记。

（三）注册企业的主要程序

1. 有限责任公司

法律依据：伊拉克《公司法》。

（1）根据《公司法》第6条第2款，有限责任公司的股东人数为1～25人。

（2）根据《公司法》第12条第1款，股东可以是法人和自然人，并且可以是伊拉克国籍和非伊拉克国籍（但少数情况下有国籍限制）。

（3）有限责任公司的主要组织文件为公司组织大纲或公司章程。如公司只有一名股东，则称为组织大纲；如公司有不止一名股东，则称为公司章程。

（4）在实践中，有限责任公司的设立程序部分由成文法规定，部分基于公司注册处的实务惯例。

（5）根据《公司法》第28条第1款，有限责任公司的注册资本最低不得少于100万第纳尔（约845美元）。在实践中，公司注册处的要求是，公司名称中每提及一项业务，就需要100万第纳尔的注册资

本。石油行业上游企业需满足更高的注册资本要求。

（6）根据《公司法》第 53 条，在成立证书颁发前，注册资本必须全部出资到位。股份的币种为伊拉克第纳尔，每股面值必须为 1 第纳尔。有限责任公司不得设置多个股份类别。

（7）有限责任公司不设董事会，而是设一名执行董事；执行董事由股东任命和授权。因此，有限责任公司的主要决策机关是股东大会。

2. **分公司**

法律依据：伊拉克《分公司条例》。

（1）有下列情形的外国公司可以向公司注册处申请注册成立分公司：根据第 5 号《分公司条例》第 1 条第 1 款，该外国公司已经与伊拉克政府机关或实体签订合同在伊拉克境内开展工作；根据《分公司条例》第 2 条第 1 款，该外国公司是已经签订上述合同的公司的分包商。

（2）根据《分公司条例》第 3 条第 1 款，与伊拉克政府机关或实体签订商品或材料供应合同的外国公司无须在伊拉克境内注册成立分公司，但前提是该合同的履行不需要该外国公司在伊拉克境内设立实体或在伊拉克境内提供服务。

（3）根据《分公司条例》第 4 条，在注册成立分公司时须向公司注册处提交文件。在实践中，注册程序部分由《分公司条例》规定，部分基于公司注册处的实务惯例。

（4）根据《分公司条例》第 5 条第 2 款，该注册程序的一个重要步骤是取得行业批准，即公司注册处将请求外国公司拟经营业务所在行业的主管部委或监管机构的批准。

（5）根据《分公司条例》第 6 条第 1 款，分公司应由外国公司授权的一名经理负责管理，并要求该经理常驻伊拉克。在实践中，分公司经理只要持有伊拉克联邦的有效入境签证即为满足该要求。

3. **代表处**

法律依据：伊拉克《分公司条例》。

（1）根据《分公司条例》第 1 条第 2 款，外国公司可以在伊拉克申请注册成立代表处。代表处只能从事市场营销活动，不得进行贸易活动。

（2）根据《分公司条例》第 19 条第 1 款，如果代表处的外国母公司就伊拉克境内的工作签订符合条件的政府合同，则该外国公司必须向公司注册处申请将代表处变更为分公司。

（3）根据《分公司条例》第 19 条第 2 款，在分公司清算后，外国公司可以向公司注册处申请注册成立代表处。外国公司不得同时在伊拉克境内设有分公司和代表处。

二、伊拉克对外国投资的市场准入

（一）投资主管部门

与地区内的其他国家相比，伊拉克的法律体系相对更有利于对伊拉克进行投资或在伊拉克进行贸易的外国公司。外国公司和个人一般可以全资拥有公司（特定行业限制除外）。为吸引外国投资，伊拉克政府于 2006 年颁布投资法［2006 年第 13 号法令，经 2010 年第（2）号法律和 2015 年第（50）号法律修订］。隶属于伊拉克政府内阁的伊拉克国家投资委员会就是根据该项法案成立的，负责相关外资政策制订、执行和外资企业监督管理等，每个省也设立投资委员会的分支机构。该委员会对外国投资者提供一站式服务。在提交正式投资许可证申请前，外国投资者需到伊拉克贸易部公司注册处（类似工商管理机构）注册设立相关体。

进一步了解有关情况可以登录网站：www. investpromo. gov. iq

投资委员会电子邮箱：info@ investpromo. gov. iq

投资咨询、法律法规、访问伊拉克等相关事宜，可与该投资委员会下列部门联系：

一站式服务：ossh@ investpromo. gov. iq

媒体：media@ invest-iraq. com

经济咨询：economic@ investpromo. gov. iq

法律咨询：legal. dept@ investpromo. gov. iq

访问考察：p. r. nic@ investpromo. gov. iq

（二）投资行业的规定

除军工、自然资源、土地（库区除外）等领域外，其他领域均适用《投资法》。对于生产性企业，外国投资者投资不少于 25 万美元，伊拉克雇员不少于全部雇员的 50%，并提供各项福利待遇。

外国投资者可以拥有投资项目的股票和证券（不仅限于许可证持有人）。作为一项持续合规要求，投资者在伊拉克的账目需依法由注册会计师审计。

投资者按投资委员会要求，提供与项目预算有关的经济和技术可行性研究以及其他信息。

投资者需根据此法案记录免税进口物资以及其折旧期。

投资者需要保护环境，并依据相关法律执行伊拉克或者国际相关领域适用的质量控制体系。

投资者需遵循伊拉克法律中关于工资、假期和工作时间等的相关规定。

投资者需要按照已提交的工期进度计划施工，实际施工与规划时间不得相差超过 6 个月。如果超过 6 个月，国家投资署有权收回投资证。

投资者需培训伊拉克雇员，提高其工作效率和技能，同时要优先雇佣伊拉克籍人。

（三）投资方式的规定

在伊拉克，投资方式可以是独资、合资、合作和股份制等。外资并购有关事宜可咨询伊拉克投资委员会。目前尚未有中资企业在当地开展并购遭遇阻碍的案例。

伊拉克政府欢迎有实力的外国公司到伊拉克承包当地工程，特别是带资或以 EPC、BOT、BOOT 形式承包，欢迎分包给当地公司或雇佣当地工人。根据承包工程的种类，实行向伊拉克有关政府部门申请批准的许可制度。目前，中资企业尚未在当地开展 BOT 模式合作，从 2015 年开始，伊拉克电力部鼓励外国公司以 BOT 形式承包相关电站项目。伊拉克甚少采用 PPP 商业模式。

三、伊拉克对外国投资的优惠

（一）优惠政策框架

伊拉克国家投资法在理论上可以让国内外投资者有资格获得同样待遇。它还允许投资者缴纳所有税费和清偿所有债务后在伊拉克央行的指导下汇出投资和收益。总体上，外国投资者可以在伊拉克证券交易所买卖股票和申请股票上市，甚至有权在拥有不动产的私营或混合所有制公司中占有股份。外国投资者有权进行投资证券组合、依法设立分公司以及注册专利。

伊拉克投资法原则上还允许获得投资许可的投资者享有 10 年免除税费的优惠。在项目建设期内，投资项目的进口物资免除关税。在投资者通知投资委员会要进行提高产能（至少 15%）或者为生产线升级而进行的扩建后的三年内，用于扩建的进口物资免征关税。不超过项目资产价值 20% 的进口备品、备件免除关税。投资的酒店、旅游机构、医院、保健机构、康复中心和科研机构也享有在进口家具和其他设备环节中每四年一次的免税优惠。对于用于生产政府配给食物、伊拉克不能生产的药品和建筑材料的项目所需的生产原料，同样免除进口关税。此外，外国公司订立的项目，如被列入伊拉克规划部的“开发项目”清单，则还将享受相关税收和关税减免待遇。

（二）行业鼓励政策

石油等优势产业是伊拉克向海外投资者提供鼓励政策的重点行业。战后伊拉克修改了某些条款，向跨国石油企业投资者提供了更为优惠的政策。比如，英国石油、荷兰皇家壳牌、美国埃克森美孚和法国道达尔等石油公司如果成功中标，可获得相关项目 75% 而不是 49% 的权益。伊拉克还降低了最初要求这些公司在获得报酬前必须完成的生产指标。

（三）地区鼓励政策

1. 经济特区法规

伊拉克自由贸易区管理局第 3/1998（FZL）令规定，允许以工业、商业和服务项目方式投资自由贸易区，且理论上在运营期间包括基础和建设阶段免除一切税费。

在自由贸易区允许的业务活动包括：工业活动，如装配、安装、整理和填充过程；贮存、再出口和贸易业务；各种服务项目及储存和运输项目；银行、保险和再保险业务；补充和辅助的专业和服务活动。

被禁止的活动包括：其他现行法律不允许的活动，诸如武器制造、环境污染行业和在原产地被禁止的活动。

2. **经济特区介绍**

伊拉克各自由贸易区是吸引外资和发展对外贸易的窗口。自由贸易区主要为货物的储存、装配、再包装、清洗和整理提供方便。

伊拉克各自由贸易区进出口将享受一定程度的贸易通关便利化措施。目前伊拉克有 4 个自由贸易区。

（1）巴士拉/霍尔祖拜尔自由贸易区，位于巴士拉西南 40 英里，阿拉伯海湾霍尔祖拜尔海港地区，2004 年 6 月开始运营；

（2）尼尼微/法拉费自由贸易区，位于伊拉克北部，靠近通往土耳其、叙利亚、约旦和巴士拉港口的公路和铁路；

（3）苏莱曼尼亚自由贸易区，设在伊拉克北部的库尔德地区；

（4）卡伊姆自由贸易区，位于伊拉克和叙利亚边界，靠近通往土耳其、巴士拉和约旦的公路和铁路。伊拉克计划在南部建设法奥港并就近规划自由贸易区。

四、伊拉克对外贸易政策和法规

（一）贸易主管部门

伊拉克贸易部是伊外贸主管部门，负责制定贸易政策，实施行政管理。

（二）贸易法规体系

在贸易方面，目前伊拉克仍沿用萨达姆时期的商业法和公司法。商业法于1984年颁布实施，称为1984–30商业法。该商业法对所有国营和民营公司及个体经营业者的盈利性商业行为和交易活动进行了规定，范围涉及进出口、制造、物流、运输、建筑、旅游、银行、保险、债券股票买卖及工程承包等领域。公司法于1997年颁布实施，称为1997–21公司法。该公司法对有法人代表的国营和民营公司以及外商投资公司从成立、运营、破产清算等进行了规定。

（三）贸易管理的相关规定

1. 进口许可

伊拉克尚未加入世界贸易组织，实行进口许可制度。通常，没有进口许可证进入伊拉克的商品将被视为走私物品予以没收并拍卖。一般地，进口许可证只发给确定的进口商，包括国有商业公司、政府采购代办或者拥有商务处的伊拉克商会成员。进口许可证自发证之日起12个月内有效。国家贸易部负责向私营企业发放补充进口许可证。发放给私营企业的许可证自发放之日起4个月内有效。进口许可证内容必须包括进口商名称、商品名称、商品说明书、价值（价格和运费，不包括保险费和包装费）、数量（以吨计或以件计）、装船地、原产地、时间、商品分类号及其海关规则。

2. 进口关税

进口商品必须交纳关税、印花税和国防税，某些国家急需的产品和机械设备免收关税，对临时进口的商品，必须先交纳关税，在其再出关时，这部分关税可予以偿还。伊拉克制定了单一的进口税率表。有不少项目是从量征税，然而主要的还是征收从价税。通过邮寄入关的物品，其关税不超过一定标准的，可以免税进关。此外，对所有应征收进口税的项目都必须课征相当于关税一定比例的附加费。没有商业价值的样品和贸易目录（包括价格表、广告传单和海报）准许免税进关。

（四）进出口商品检验检疫

对进出口商品，如属一般商品，向海关提供商检证即可。如是食品和药品，需提供成分清单和样品，由伊卫生部检验颁发许可证。如是动植物，由伊农业部检验样品后颁发许可证。

（五）海关管理规章制度

1. 进口单证

（1）商业发票。商业发票中必须包括所运货物的详细说明，包括启运地和货物生产的原产地。如果货物中含有其他国家生产的部分，则其在货物中所占的百分比须予以说明，且需写明制造商的全称及地址。商业发票的原件及其5份副本必须送给收货人，但只有原件需要予以合法证明。空运货物时，装载货物要有3份商业发票，其他副本应当送给收货人。

（2）提货单。至少要求3份，且提货单上应当标明装运人姓名、收货人姓名和地址、目的港、货物说明、运费及其他费用、提货单的总份数、承运人正式承认船边收货的签名及日期。另外，还应写明承运船舶的国籍，否则，银行就会拒绝接收这些文件。在空运货物时，空运单将取代提货单。

（3）原产地证书。原产地证书首先要找合适的商会证明，然后送往大使馆以证明其合法性。该证书上须写明生产商不包括在伊拉克政府的黑名单上。

（4）包装清单。与其他文件一起送出的还有 2 份包装清单，上面分别列出每个集装箱内的货物，包括商标、说明、重量、尺寸、数量以及颜色等。

（5）分析证明。进口抗生素、化合物和制剂都要求有一份英文的分析证明。它必须是由一家公认的专门实验室出具的指定形式的证明书，并且每 6 个月要提供一份经过公证的分析证明。

2. 标签和包装及仓储

（1）标签。进口的布匹，最好将标识贴在布匹的底部；进口的药物，其标签上应有阿拉伯文的使用说明；进口的酒精类饮料，其标签须用英文和阿拉伯文写上“专供伊拉克”字样。

（2）包装。商品的包装应当能经得住巴士拉港的粗暴的搬运，布匹应当装在箱子里，并用铁丝箍紧，以防转运时丢失。

（3）仓储。进入伊拉克海关仓库的货物，无论是入境、储存或转口，都必须登记、清理。在规定期限内无人认领的货物，伊拉克海关将进行拍卖。

五、伊拉克关于劳动就业的法律规定

（一）劳工（动）法的核心内容

伊拉克劳动法（2015 年第 37 号法律）对于促进形成便利的商业环境显得力度不足。现行法律于 2016 年 2 月起生效，并且规定了对外籍工人的各项保障。

伊拉克是国际劳工组织公约的签字国，公约里包括了青年就业和滥用童工这两个条款。伊拉克劳动和社会事务部还规定了非熟练工人每月最低工资标准。

1. **劳动法基本原则**

伊拉克劳动法的建立旨在更好地协调劳动者与企业、政府、社会之间的关系，强调对劳动者尊严的维护，完善社会保障机制，为劳动者提供更加安全、和谐的就业生活环境。伊拉克劳动法开篇即阐明了该劳动法的制定旨在规范劳资双方及相关组织之间的关系，保护其权益，实现基于社会公平正义之上的可持续发展。劳动法明确了该法律的适用对象，强调每一位劳动者不论身份、性别都能公平得到法律保障的基本原则。同时，伊拉克劳动法也旨在通过立法形式加强本国居民就业机会和职业技能的提升，以及对女性劳动者、未成年人以及非全日制工作者的保护。彰显了伊政府促进国内就业环境、提升国民物质生活和精神文明水平的坚定意志。

2. **劳动关系**

在劳动关系方面，伊拉克劳动法对劳动合同的签订和解除做出了详细规定。劳动合同须清楚地体现劳资双方的基本信息以及双方达成的雇佣条件，劳动合同可以设定最多一次但不超过 3 个月的试用期。对于没有签订书面合同的雇佣关系，规定劳资双方应以其他形式明确各自的权益和义务。同时，劳动法也规定了固定期限合同只适用于完成某一项特定工作或完成定期以及期限不满一年的工作或项目。修改后的劳动法允许签订非全日制用工（即小时工）合同，小时工享有法律赋予的所有权益。外籍劳务人员在伊境内务工必须取得劳动许可。劳动法明确规定了资方可以解除劳动合同的几种情况，但须提前至少 30 天通知员工一方。新版劳动法允许因绩效不符合要求而辞退，但对企业而言，需要注意完善法定程序。员工如对解雇决定有歧义可在收到解雇通知之日起 30 日内到劳动部门申诉。

3. **工作制度和法定假期**

伊拉克劳动法规定工作时间为8小时，每周工作时数为48小时。执行倒班制的员工每天在工作场所停留时间不能超过10小时，其中实际工作不能超过8小时，从事重体力工作或高危工作的员工，须根据行业标准减少其工作时间。伊拉克公共假日较多，根据劳动法规定，伊拉克劳动者每周至少休息一天，每年享有至少21天的带薪年假和最多30天的带薪病假，从事重体力及高危行业的劳动者则享有30天年假，年假天数随工作年限的增加而递增。除此之外，中央政府和地方议会也会针对不同节日批准一些公共假日。女性劳动者享有98天的带薪产假。

4. **劳动争议**

新的伊拉克劳动法更加注重对劳动争议调解机制的建立和健全，对调解和仲裁的主体、期限有了更进一步的明确。新的劳动法设定了由劳动局、劳动争议仲裁机构、劳动法院形成的三级调解机制。劳动争议当事人首先向劳动局提交争议调解申请，劳动局指定调解人进行调解，如果调解失败，争议双方可向劳动仲裁机构提出仲裁申请，仲裁机构应在规定期限内做出决定，争议双方任何一方对仲裁结果不服，可向劳动法院提起上诉。此外，劳动法针对劳动者集体维权的途径也有较简短的规定，如寻求工会组织、员工代表协调以及和平罢工等。

点评：

伊拉克劳动法强调对劳动者权益的保护，执行层面对外资企业尤为关注，在用工方面稍有不慎则有可能引起法律纠纷，建议在伊境内开展业务的中资企业做好以下几个方面：（1）开展业务前应做好法律调研，仔细研究劳动法条款，并收集政府在劳务用工方面的相关法规及法令；（2）参考资源国法律法规、政府法令，建立一套完整且适用于伊拉克本地化用工的政策体系，同时应借鉴其他外资企业在当地用工的一些成功经验；（3）应雇用经验丰富的本地律师或劳动关系专员，以应对随时可能出现的劳务纠纷或违纪现象；（4）建立劳动纪律处分程序，在进行人员招聘或纪律处分之前应征求律师或法律顾问的意见，并与劳动部门事先沟通。

（二）外国人在当地工作的规定

伊拉克劳动法对外籍和本国工人普遍适用。但伊拉克法律要求外籍人士在开始工作前必须取得工作许可。此外，特定行业需要适用某些本地化规则。

伊拉克《投资法》规定：

（1）就业和招聘中应优先考虑伊拉克籍人。此外，外国投资者需帮助训练伊拉克雇员，提高其工作效率、技能和能力。根据伊拉克国家投资委员会颁布的条款，如无法雇佣到能够满足所需条件、有能力完成同等任务的伊拉克籍人，投资者有权雇佣非伊拉克籍工人。

（2）赋予外国投资者及投资项目雇佣的非伊拉克籍工人在伊拉克居住的权利，并为他们进出伊拉克国境提供便利。

（3）任何项目雇佣的非伊拉克籍技术工人及行政人员在向伊拉克政府及所有其他实体偿清税务和债务后，有权根据法律将其收入及补贴转移至伊拉克境外。

点评：

由于伊拉克安全形势依然严峻，不确定因素众多。赴伊拉克承揽工程和进行投资的企业需要具备丰富的国际工程和跨国投资经验，并且要充分考虑伊拉克现有安全风险，在安保方面准备足够的投入，谨慎有序地进入安全风险较低的区域开展业务，以保障人员及财产安全。

六、伊拉克关于企业税收的规定

（一）伊拉克税收体系和制度

伊拉克税收体系由隶属于伊拉克财政部的税务总局、首都巴格达各税所及各省税务分局构成。

根据伊拉克税法（1982），对于公司所得税，国营和私人公司每年向税务局报税，一般由注册会计师事务所负责编制纳税报告，并由伊拉克注册审计师负责审计。每年前6个月为公司上年度纳税报告准备阶段，比如，2017年上半年准备2016年的纳税报告。纳税报告包括完成项目的名称、成本和利润等详细信息，并附上所有发票；对于个人所得税，由个人和所在单位按月向税务局报税。

1. **税收法律**

根据伊拉克税法，目前伊拉克已初步建立包括公司所得税、个人所得税、销售税、关税、财产税及印花税等税种的税收制度体系。

2. **税收征管机构**

伊拉克有多个层级的税务机关，分别履行不同的职能。其中，国家税务总委员会为最高税务机关。国家税务总委员会主要负责执行征税预算、判定纳税人的复议申请及大企业纳税人的税务审计工作（例如指派税务检查人员进行专项调查和解决重大涉税问题）等。

3. **征管程序**

（1）税务登记。

根据伊拉克外资企业或外资企业分公司税务登记的规定，企业应当在伊拉克税收总委员会（GCT）进行税务登记。针对库尔德地区，税务登记通常在进行首次纳税申报时完成，例如公司需要在次年 6 月 30 日前进行首次所得税纳税申报，税务登记通常也在此时点完成。

根据 GCT 公告，自 2016 年 12 月 1 日起，伊拉克纳税人（法律实体和个体经营者）需要申请办理新的税务登记证，纳税人可在 GCT 法人部门或 GCT 分支机构（视个人居住地而定）申请领取税务登记证。

纳税人或其授权代表申请领取税务登记证，需到 GCT 法人部门或 GCT 分支机构办理税务登记证开具手续并申领税务登记证的签发表格。该表格是电子生成的，填写了纳税人的信息，如税务识别号码（TIN）、官方注册文件上的法人名称、纳税人在伊拉克的地址以及纳税人授权经理的姓名（如适用）。该表格需要纳税人（或授权代表）签字确认表格内的信息是否正确。纳税人须缴付约 10000 第纳尔的申请费用。该表格随后被转交给 GCT 的收款部门和直接扣款部门，并加盖公章，以证明纳税人的纳税申报符合要求，没有公开的税务审计，并且已经结清了 GCT 应缴纳的所有税款。因此，不满足要求的纳税人，在符合上述规定之前，不能取得税务登记证。

GCT 声明，未能符合上述条件但已取得税务登记证的纳税人，仍须按上述程序提交申请，但不会获发税务登记证。此外，GCT 也规定，即使无法取得税务登记证，纳税人仍然需要正常履行 2017 年 1 月 1 日之后的纳税义务，不得中断税款的申报与缴纳。GCT 的上述实操惯例，并没有以书面文件规定，所以可能在未事先通知的情况下随时改变。

（2）账簿凭证管理制度。

1997 年伊拉克公司法第 21 号规定了伊拉克的财务报告要求。根据法律规定，所有公司必须适用国际财务报告准则或中小企业国际财务报告准则。

其证券为公开交易的公司、私人银行、私人股份公司以及咨询公司必须使用完整的国际财务报告准则。《伊拉克证券市场暂行法》(2004 年 4 月 18 日通过) 要求在伊拉克证券交易所上市的所有公司均采用国际财务报告准则。

(3) 纳税申报及法律责任。

在伊拉克，每年前 6 个月为公司上年度纳税报告准备阶段，如 2018 年上半年准备 2017 年的纳税报告。纳税报告包括完成项目的名称、成本和利润等详细信息，并附上相关发票。

对于缴纳公司所得税，企业每年向伊拉克财政部下属的国家税务总委员会和首都巴格达 18 个税务所及各省税务分局报税。一般由注册会计师事务所负责编制纳税报告。

(二) 主要税赋和税率

1. 公司所得税

(1) 居民企业。

依据伊拉克法律成立或实际管理机构在伊拉克境内的企业为伊拉克居民企业，不满足居民条件的企业为非居民企业。伊拉克居民企业，应就其全球所得缴纳伊拉克公司所得税。伊拉克非居民企业，应就来源于伊拉克境内的收入缴纳伊拉克公司所得税。

(2) 征收范围。

一般来说，在伊拉克从事商业活动 (或具有商业性质的活动)、从事职业和专业所产生的利润，包括履行合同所产生的利润，需要缴纳伊拉克公司所得税。具体来说，征税包括但不限于以下收入来源：商业活动或具有商业性质的活动、行业和专业产生的利润，包括合同、协议、违约赔偿 (赔偿纳税人受到的损失除外)；债券和证券交易产生的利息、佣金、折扣和利润；农业土地的出租而取得的租金；其他。

（3）税率。

根据所得税法，伊拉克公司所得税税率为 15%，外国石油公司及其分公司、办事处和在伊拉克境内开展油气生产相关业务的分包商，适用税率为 35%。库尔德地区的所有产业均适用 15% 的税率。

（4）税收优惠。

根据伊拉克《投资法》相关规定，被批准的工业项目可以享受一定的税收优惠，包括公司所得税方面的优惠政策。例如，已获得委员会投资许可证的投资项目，自项目每个阶段开始商业运营之日起，可享受为期 10 年的税费免征待遇，豁免不包括关税。

国家投资委员会有权根据伊拉克投资人在项目中的股份的增加情况，直接按比例延长税费的免税年限，如果伊拉克投资人在项目中的股份超过 50%，最长可将免税期限延长至 15 年。但石油和天然气行业通常不在此列。伊拉克投资委员会有权添加任何行业和项目到依法享受税收优惠的清单之中。

如果某一项目在授予的免税期内从一个开发区域转移到另一个开发区域，根据《投资法》第 15 条第 1 款中提到的免税规定，在剩余的免税期内该项目仍享受其所在开发区内的免税待遇，但应事先通知国家投资委员会。

（5）应纳税所得额。

公司所得税的应纳税所得额的计算方法如下：

应纳税所得额 = 收入总额 - 税法规定的各项扣除

（6）税收异议。

根据伊拉克所得税法规定，纳税人在被告知课税收入和应纳税款之后，可以在收到通知后的 21 天内向发出课税通知的税务机关或中央税务委员会的任何办公室提交书面异议，说明反对的理由以及要求的修正。纳税人必须要向税务机关提交税务机关为了验证这一异议所必需的有关其收入的账簿、记录和必要的报表。

税务机关如果确信异议人因为不在伊拉克、因病无法工作或其他不可抗力事件的原因而无法提交上述必需的文件，税务机关可以在法定期限（即21天）后接受异议。

纳税人的异议只有在纳税人缴纳应纳税款之后才予以考虑。如果纳税人不能全额支付应纳税款，税务机关可以按照财政部发出的指令分期收取。

（7）非居民企业。

依据伊拉克法律成立或实际管理机构在伊拉克境内的企业为伊拉克居民企业，不满足居民条件的企业为非居民企业。

根据伊拉克税法，如果居住在伊拉克的任何人直接或替代他人向伊拉克境外的人员支付款项（无论是用现金或者通过信贷的方式），如与债券、抵押、贷款、存款和预付款相关的利息，以及年度津贴、退休金或其他年度付款，应向伊拉克税务机关缴纳支付款项15%的税款。银行作为纳税人发生上述业务，免于缴纳该税款。负责缴纳利息和其他年度付款的人员有权从其支付的款项中扣除应支付给税务机关的税款，前提条件是该人员在每次代表未居住在伊拉克境内人员付款时都应向其提供一份包含以下信息的书面声明：应支付的款项；上述款项的税率和税额；支付的净金额。

考虑到股东分派股息的利润已缴纳了公司所得税，伊拉克对股息不征收预提所得税。此外，与油气企业交易并支付的款项，按照3.3%或7%的税率扣缴预提所得税。

2. 个人所得税

根据伊拉克税法规定，居民纳税人的判定因素包括国籍和居住时间等因素。伊拉克国民和阿拉伯国家国民，只要在伊拉克居住满 1 天，即为伊拉克居民纳税人。非伊拉克国民和非其他阿拉伯国家国民在满足下述居住条件的情况下，视为伊拉克居民纳税人：在伊拉克连续居留满 4 个月，或者在一个纳税年度内居留总计满 6 个月；被伊拉克法人实体雇佣；如为海湾合作委员会国家的国民，只要在伊拉克境内工作即视为伊拉克居民纳税人，不再考量居留期间。

（1）征收范围。

伊拉克居民纳税人应当就其来源于全球的收入缴纳个人所得税。伊拉克非居民纳税人，不论其国籍，应当就其来源于伊拉克的收入缴纳个人所得税，其在伊拉克境外获得的收入不征税。

（2）应税项目及税率。

在伊拉克（除库尔德地区外），个人的受雇所得、自营业务所得、投资所得和资本利得等，需要缴纳伊拉克个人所得税，个人所得税的税率为超额累进税率制。详见表 4-1。

表 4-1　个人所得税税率表

收　　入（第纳尔）	税率（%）
≤250000	3
250000～500000（含）	5
500000～1000000（含）	10
>1000000	15

在伊拉克的库尔德地区，每月基本工资前 100 万第纳尔是免税的。扣除基本工资的前 100 万第纳尔、员工的社保缴费以及适用的扣除项目后，剩余的金额为员工的应纳税所得额。这类收入的统一税率

为5%。

（3）税收优惠及税前扣除。

①免税项目。

A. 外国使领馆支付给其外交官员的工资和津贴；支付给非外交人员及外国领事馆的非伊拉克籍职员的工资和津贴，可按照内阁的决定在互惠待遇条约下免税。

B. 来自以下来源的退休人员或其家属的收入：养老金薪金；养老金奖金；服务期满补偿；年假工资。

C. 联合国从自身预算中支付给其官员和雇员的工资和津贴。

D. 作为报酬或补偿一次性支付给死亡人员的家属的钱款或者因为伤亡而支付给纳税人的赔偿。

E. 税法规定的海运工具的所有人或承租人的收入，前提是此种海运工具用于石油运输。

F. 自然人从伊拉克银行及储蓄基金中的存款、账户获得的利息收入。

G. 政府授予公民的奖励金。

H. 纳税人拥有或经营的家禽养殖场和孵化场获得的利润。

I. 政府或公共部门为公文写作、翻译、版权或印刷工作而支付的金额。

J. 税法规定的其他情况。

②税前扣除。

A. 个人扣除项（仅适用于伊拉克居民纳税人）：

a. 未婚人士，作为雇员可扣除2500000第纳尔；

b. 无业妻子，可扣除4500000第纳尔；

c. 每个孩子，可扣除200000第纳尔（18岁以下儿童或25岁以下学生）；

d. 超过63周岁的老人，可扣除3200000第纳尔；

e. 离异或丧偶人士，可扣除320000第纳尔。

B. 缴纳的伊拉克社保。

C. 境外雇员的派遣及海外津贴，扣除上限为基本薪资的25%。

D. 一般扣除项，扣除上限为30%。

（4）应纳税额。

应纳税所得额及应纳税额参照如下公式：

应纳税所得额=个人所有收入-法定扣除项目

应纳税额=应纳税所得额×税率

（5）其他。

伊拉克关于工资薪金个人所得税的制度类似于“现收现付”（pay-as-you-earn，PAYE）制度，雇主有义务在支付给雇员工资薪金时代扣税款，并向税务机关申报缴纳，雇主未代扣代缴的，将需要缴纳罚款和滞纳金。

雇主应从以现金、实物、养老金等类似形式支付给雇员或雇员代表的款项中扣除雇员应缴纳的税款，并且应依法在课税年初将此税款支付给税务机关。

雇主可以按照本条的规定增加或减少其扣税数额，以调整课税年期间应收税款中的任何超额或不足。

雇主负责向税务机关支付根据本条规定由其扣除的税款，即使他没有从应支付给雇员的工资和津贴中扣除税款，雇主有权在之后应支付给雇员的款项中扣除以此方式支付的税款。

雇主如果未能在财政部长确定的到期日后的21天内向税务机关支付税款，则应支付所得税法规定的额外款项。

3. **销售税**

伊拉克不征收增值税，但针对特定的产品征收销售税：

（1）对酒店和餐厅提供服务的征收税率为 10%；

（2）对移动和互联网充值卡销售额征收税率为 20%；

（3）对进口的各类车辆征收 5% 的销售税；

（4）对进口烟酒征收 300% 的销售税。

4. **财产税**

（1）概述。

对所有房地产的年租赁收入征收 10% 的财产税，向房地产所有者或长期承租人征收。如果房地产所有者或长期承租人无法找到，将对占用该房地产的人征缴税款。需要注意的是，在评估该房地产的应征税款之前，每处房地产的年度收入要扣除 10% 的维护费用。

（2）税率。

财产税的征税对象是以年为单位收取的租金，对不动产按 10% 的税率征税，对土地按 2% 的税率征税。

（3）应纳税额。

应纳税额计算方法如下：

$$应纳税额=租金\times 税率$$

5. **关税**

（1）概述。

进出伊拉克共和国领土的所有货物的所有人或推定所有人为关税的纳税义务人。

（2）征收范围。

除非协议约定或法律规定，以任何形式进出伊拉克共和国领土的所有货物都应当根据税收法缴纳海关关税。

（3）税率。

根据伊拉克2016年关税税率的最新修订，伊拉克部分货物的税率见表4-2。

表4-2　部分货物关税税率表

货　　物	税率（%）
香烟	75
果汁	25
电视机	35
酒精饮料	100
空调	25
小轿车	25

（4）税收优惠。

在伊拉克获得投资许可证的项目，在项目确定阶段之内，并且根据项目的基本设计和实施期间，在项目每个阶段商业化运营之前，对运入伊拉克的投资项目进口资产免除相关税收和关税。

伊拉克的酒店、旅游机构、医院、卫生保健机构、康复中心和教育与科研机构项目涉及的、用于更新和装修目的的家具、陈设和必需品的进口，应授予额外的免关税待遇，此种更新的频率为每4年至少一次，前提是上述进口物品是在投资委员会对进口清单及其数量审批之日起3年内进口到伊拉克或投入项目中使用，且不得用于进口目的以外的任何其他用途。

投资人为项目商业运营目的进口的原材料，以及涉及食品加工的配给卡、药品和建筑材料（在伊拉克提供和生产的原材料除外），应当免征税收和关税，前提是以上物品应是环保的。

如果发现部分或全部免税、费的固定资产违反规定被出售，或者用于项目之外的任何目的或者规定用途之外的其他目的，则投资人必须要依法支付由此产生的税款、费用和罚金。

（5）其他规定。

根据《海关法》相关规定，关税的征收、修正、废除由财政部长提议依法进行。来自与伊拉克签订有双边税收协议的国家的货物依照双边协议征收海关关税。对一些国家的货物征收不低于货物本身价值的35%，不超过普通关税的一倍的关税。

根据财政部长建议，依法对部分进口货物在下列两种情况下征收额外补偿关税：产地国出口享受直接补贴的货物；某一国降低价格进行倾销的货物。

申报出口或消费（即免税进口并用于消费的）的货物，除非关税修订法另有规定的，要按申报单登记之日的现行关税缴纳。准备出口的货物在进入海关稽查区之前已经支付关税的，未进入的部分应按进入之日的现行关税缴纳。

根据质押担保申报的保税货物，在未提交给海关部门前，按申报登记之日或允许日期截止之日的两者中较高的现行关税缴纳；货主向海关提交的消费货物，按登记消费特别申报之日的现行关税缴纳。

根据情况需缴纳相对税（从价税）的货物，实施现行税率。适用于从量税的货物，在因自然情况和不可抗力发生造成货物受损的情况未得到海关当局证前，全额缴纳税费，在证实后，根据总署长或其授权的代理人的决议按货物受损比例相应减少税费，货主有异议可以向《海关法》第七十四条中的申诉委员会提出申诉。

6. 其他税费

(1) 社会保障金。

在伊拉克，雇主被划分为不同的种类，并以此作为缴纳社会保障金比率的依据。针对一般行业雇主的征税税率为工资薪金的12%，针对雇员的为5%。但是，针对油气企业的雇主，该部分税率为支付工资薪金的25%。相当于基本工资30%的津贴部分无须征收社会保障金。

表4-3 社会保障金缴纳比率（%）

社会保障金税率	雇主	雇员
普通企业	12	5
油气企业	25	5

雇主所属的类别，须由社会保障部门判别决定，其判定标准法律并未明确规定。在实践中，社会保障部门是根据雇主所属行业决定的。

(2) 印花税。

按合同金额的0.1%～3%收取印花税，其中与政府机构签订合同金额需缴纳的印花税税率为0.2%，库尔德地区的印花税率为0.1%。

上述内容所提供的印花税税率是伊拉克和伊拉克库尔德地区最常用的税率。在实践中，印花税的适用范围可能会有所不同。

（三）报税的相关手续

1. 报税时间

每年前6个月为公司上年度纳税报告准备阶段，如2017年上半年准备2016年的纳税报告。

2. 报税渠道

对于缴纳公司所得税，企业每年向伊拉克财政部所属的税务总局和首都巴格达 18 个税务所及各省税务分局报税。一般由注册会计师事务所负责编制纳税报告。

3. 报税手续

纳税人须在课税年 6 月 1 日之前提交纳税申报单，财政当局在申报期满后对纳税申报单进行研究、出具意见，可接受纳税申报单并根据申报单进行课税，或拒绝纳税申报单并按照现有信息估算的标准进行课税。纳税人如有异议可在规定时间内提出上诉。

4. 报税资料

纳税资料根据税种差别有所不同，主要是纳税申报单及相关证明材料。中资企业赴伊拉克开展投资合作，应跟踪伊拉克税务法律变动，保证收益。

另外，目前中国与伊拉克尚未签订避免双重征税协定，如已在伊拉克纳税，相关文件须经中国驻伊拉克大使馆认证后报国内有关单位审批免征国内相关税赋。

5. 税务检查

在伊拉克，有法定的税务检查规定，税务机关会详细审查纳税人的财务报表，确定纳税人是否依法足额缴纳税金，如已足额缴纳，则会签发清税文件。

对于外资石油天然气公司，应当适用 2010 年第 19 号法案和 2011 年第 5 号令，税务审计委员会和审计局会根据 1982 年第 113 号法案之所得税法第 32 条，基于抽样的方法，开展年度税务审计。如发现欠缴税款，将会被处以罚款和加征滞纳金。

6. 其他征管规定

伊拉克税收案件的追溯期为 5 年，但在特定情况下，税务机关有权追溯超过 5 年。此外，从税务审计或税务检查部门取得清税文件是非常重要的。若企业未取得相应清税文件，在政府投标以及其他领域，都可能会影响到公司的经营发展。

点评：

伊拉克现阶段尽管已初步形成了一整套完善的税务申报、缴纳和审计体系，但在税务法律实施执行过程中，可能会发生与现行法律法规相冲突或背离的现象，影响公司利益。建议中资企业在加大对伊拉克现有税务法律和服务合同研究力度的基础上，密切跟踪伊拉克税务法律变动形势，积极与伊拉克政府各类税务机构沟通。聘请会计师事务所进行税务咨询和相关税务筹划，保证利益最大化。

（四）关于税收遇到的争议、解决方案、途径及注意事项

1. 伊拉克处理税收争议的主要部门

中国和伊拉克目前没有签订税收协定，如果纳税人在伊拉克投资期间发生税收争议，可以通过伊拉克当地法律救济途径进行解决。

伊拉克税收争议解决的主要部门包括上诉委员会和最高上诉工作组。

2. 税收争议解决方法

纳税人在被告知课税收入和应纳税款之后，可以向发出课税通知的财政当局或中央税务委员会的任何办公室提交书面异议，说明反对的理由以及要求的修正。主要的解决途径有：

（1）行政上诉。纳税人在被告知课税收入和应纳税款之后，可以在收到通知后的21天内，向发出课税通知的财政当局或中央税务委员会的任何办公室提交书面异议，说明反对的理由以及要求的修正。

（2）法院诉讼。伊拉克法院不得审理根据所得税法进行的课税、

征税和收税或实施的任何交易有关的任何案件。

七、伊拉克关于环境保护的法律规定

（一）环保管理部门

根据《伊拉克环境保护法》，环境保护与改善委员会、环境部负责伊拉克整体环境保护。查询网址为 www. moen. gov. iq。

环境部长兼任委员会主席；在各省组建环境保护与改善委员会，由省长担任委员会主席，省级委员会确定其任务和工作流程，并委任其成员执行委员会主席下达的指示。

（二）主要环保法律法规名称

伊拉克 2009 年 27 号出台法案《伊拉克环境保护法》，查询网址为 http：//www. iraq-lg-law. org。

（三）环保法律法规基本要点

《伊拉克环境保护法》规定了环境保护与改善委员会的组成、权利和义务，并对水、空气、土地等环境保护、危险品管理、环境保护基金等做了专门规定。伊拉克还有其他多项环保法规和指令，旨在对伊拉克环境进行保护，并规范伊拉克境内的经营活动。

法规主要内容在第四部分，包括：

1. **防护水污染**

不得将未经处理的不符合法律规定和国际公用标准的工业、家用、服务业或者农业水倒入内河地表、地下或者海域中。

2. **防止空气与噪声污染**

未经处理，不得将未达标的烟雾、废气、颗粒等排入空气中，在活动中开启报警装置及扩音器时，其音量禁止超过规定的分贝。

3. **土地保护**

禁止任何直接或间接造成土质破坏和污染，进而影响生产能力及食物链的活动，禁止损坏环境部登记在册的自然、文化古迹的活动等。

4. **维持生物多样性**

禁止肆意捕猎濒临灭绝的鱼类、鸟类及陆地和水生动物，禁止捕捉、破坏其他珍稀动植物。禁止进行危害环境和生物的遗传工程学研究。

5. **危险品及危险废弃物的管理**

禁止未遵守相关规章条例使用喷洒杀虫剂或其他化学物质来进行农田作业、公共卫生；禁止未依照环境部的规定使用错误的方法运输、掩埋、储藏、销毁危险废弃物或辐射物。

6. **对勘探和开采石油与天然气资源造成污染的预防措施**

采取保证措施来防止由于勘探和开采石油及天然气工作带来的危害，并且应采取必要的措施防止土地、空气、水源、地下水受到污染和破坏。

环境部长或其授权人有权警告任何设施、工厂、机构或环境污染源于警告之日起10天内对污染进行治理。不遵守上述规定的，环境部有权终止其活动或对其采取不超过30天（可延期）的临时性关闭措施，直至其完成污染治理工作。

环境部或其授权人（不低于总干事级别）有权对违反相关法律法规的人处以每月至少100万至多1000万第纳尔的罚款，直至其不再违反上述规定。

严重违法本法律条款者，处以至少3个月的监禁或处最少100万最多2000万第纳尔的罚款，或两者并罚。累犯者，将按每次加倍进行处罚。

（四）环保评估的相关规定

外国公司在项目动工前需进行环境评估。以投资伊拉克最主要的油气行业为例，企业在勘探开发过程中应采取一切必要的措施防止对环境的破坏；原油分离处理过程中采取必要措施处理盐水，防止漏油并向政府提供必要的环境破坏信息以及补救措施。同时，伊拉克石油服务合同中有专章对环境保护做了规定。除了在原则上要求外国石油公司在环境保护方面遵守当地法律法规和国际运作惯例外，还对环境影响报告要求的内容和提交审核批准程序、政府（当地石油公司）对于环境保护的干涉、钻井作业的应急反应预案、环境保护费用以及因环境保护导致作业延长等事宜作出了明确规定。

[案例 4-1]

河水不定期泛滥是伊拉克所在的两河流域旧时的难题，而今天石油成就了当地的发展，油气开采炼化过程中产生的废水也带来了新的污水治理挑战。伊拉克 KAR 炼厂四期扩建项目污水处理单元承担了炼油厂 KAR1/KAR2 站的污水处理工作，污水种类主要包含脱盐污水、含油污水、酸性污水、池体排污水、冷却排污水、蒸汽锅炉排污水、污水处理及锅炉给水排污、雨水及废碱液废水等。

伊拉克 KAR 炼厂四期污水处理厂处理规模 4800 吨/天，项目业主为 Kar Group，总包单位为中国寰球工程有限公司，博天环境负责范围包括全厂设计、设备采购、供货、安装、调试指导等。这座新投入运营的污水处理厂，成为当地规模最大、标准最高的工业污水处理厂之一，博天环境也因这一项目踏上进入中东国家水务市场的新台阶。

2017 年 7 月 17 日，项目污水处理单元开始正式接收污水。经过处理的炼油厂污水，各项指标达到了美国第 92-500 号公共法案第 304（d）节对二级污水处理的要求，获得了伊拉克 KAR 炼油厂验收人员的认可。

八、伊拉克反对商业贿赂的法律规定

（一）伊拉克关于反对商业贿赂的法律名称

伊拉克目前没有专门的反商业贿赂法，也没有将商业贿赂同其他贿赂行为明确区分。反商业贿赂法相关规定散落于各种不同的法律中，主要包括伊拉克刑法典（1969）和公职人员纪律法（1991）。值得一提的是伊拉克也于 2008 年成为联合国反腐败公约（UNCAC）的成员国。

伊拉克刑法典将各种向公职人员输送利益的行为认定为犯罪，包括为该等安排提供协助的行为。此外，法律没有规定任何安全港条款，并且“公职人员”和“利益”的定义范围非常广泛。因此，在和伊拉克公职人员发生往来时，务必遵守该等规定。商业贿赂行为不仅会受到法律制裁，而且将严重影响企业的信誉和公众形象。

（二）反对商业贿赂或官员腐败行为的法规要点

伊拉克刑法典的规定主要集中在 307-314 条中。

第 307 条规定：（1）任何公职人员或代理人为自己或他人寻求或接受礼物、利益、荣誉或承诺以履行其工作职责或不履行该职责，应处以不超过 10 年的监禁或拘留，并处以不低于他寻求、被给予或被许诺的金额的罚款，但在任何情况下均不得超过500第纳尔。（2）如果上述这种违法的请求或接受是在其履行或不履行该职责之后发生的，则处以不超过7年的监禁或拘留。

第308条规定：任何公职人员或代理人，为自己或他人寻求或收取礼物、利益、特权或承诺，以进行或不进行其职权范围之外的行为，且他明知这种行为是错误的，可处以不超过7年的监禁或拘留，并处以不低于他谋求，被给予或许诺的数额的罚款，但在任何情况下，罚款不得超过500第纳尔。

第309条规定：即使该公职人员或代理人不打算这样做或不这样做或违反其职务，也要适用前两个段落的规定。

第310条规定：提供、给予或许诺公职人员或代理人任何根据第308条规定的任何内容的人均被视为行贿。为给予、寻求、接受或许诺行贿的人进行斡旋的任何人均被视为中介人。行贿人和中介人，均应根据法律规定处以罚款。

第311条规定：如果行贿人和中介人在提起诉讼前通知法律机关或行政机关或对罪行供认不讳，则可免于处罚。如果在提起诉讼后但在诉讼结束前发生这种通知或供认，则可以减轻处罚。

第312条规定：以下人员应受到拘留处分：（1）任何寻求或接受礼物、利益或特权，知道这是对公职人员或代理人的贿赂，且有意将其保留给自己的人。（2）除中介人外，任何在接受其礼物、利益或特权的同时知道其目的人，即使被贿赂的公职人员或代理人尚未意识到该礼物、利益或特权。

第313条规定：向公职人员或代理人行贿的任何人，如果对方不接受贿赂，则行贿人可被处以拘留或罚款。

第314条规定：除本节各段规定的处罚外，还应没收公职人员或代理人收到或被提供的贿赂。

[**案例** 4-2]

在美国率领联军获得了第二次海湾战争的胜利后，美国政府转而去维护伊拉克石油部，但他们并没有将石油行业从贿赂的深渊中拯救出来。跨国公司 Unaoil 的文件显示西方公司，伙同伊拉克新的掌权者，开始了一场持久的洗劫活动。Unaoil 通过经纪人，至少向有权利的官员们行贿了 250 万美元，来确保他们能够获得支持，但同时在公司内部抱怨他们是“贪得无厌的混蛋”。

2004—2012 年，Unaoil 的行贿名单可以说是一部伊拉克石油行业名人录：伊拉克政府能源主管事务的副总理、前石油部长 Hussain al-Shahristani，前石油部长 Abdul Kareem Luaibi，南方石油公司董事长、2015 竞选成功石油部副部长的 Dhia Jaffar al-Mousawi，以及高级石油官员 Oday al-Quraishi。其中，最高级别的政客可收到总额高达数百万美元的贿赂金，而低层官员会少一些。管理着伊拉克最重要的石油行业扩建工程的 Quraishi，每个月都会收到 6000 美元的回扣，其中 5000 美元是给他自己的、1000 美元是给其他相关人员以及其他额外的大额支付。

Unaoil 同样会贿赂承包伊拉克油田管理工作的国际石油公司内部高管。泄密的文件暴露了意大利石油巨头埃尼公司内部滋生蔓延的腐败问题。其中，埃尼公司经营着 Zubair 大型油田的承包商招标活动。Unaoil 在伊拉克的客户包括英国巨头劳斯莱斯、美国 FMC 科技、卡梅隆、威德福、意大利油服公司 Saipem、德国公司 MAN Turbo、荷兰 SBM Offshore 公司以及澳大利亚公司礼顿境外公司等。

九、伊拉克对保护知识产权的规定

（一）当地有关知识产权保护的法律法规

1. 法律和国际公约

伊拉克知识产权的法律主要有专利和工业设计法（1970、1999）、商标法（1957）和著作权法（1971）。知识产权保护的职能分属于几个不同政府部门。专利登记和工业设计注册是规划部所属的国家标准和质量控制管理局（COSQC）职能的一个组成部分，著作权属于文化部管理，商标归工业和矿产部管理。由于安全局势动荡，伊拉克知识产权保护能力较弱。伊拉克还签署了多项国际知识产权公约，包括区域或双边公约：

（1）保护工业产权巴黎公约（1967 年法案），1975 年 212 号法律批准。

（2）世界知识产权组织（WIPO）公约，1975 年 212 号法律批准。伊拉克 1976 年 1 月成为世界知识产权组织成员国。

（3）阿拉伯国家著作权保护协定，1985 年第 41 号法律批准。

（4）阿拉伯国家知识产权条约，1985 年第 41 号法律批准。

2. 申请专利和注册商标的程序

（1）申请专利。

伊拉克工业矿产部负责受理商标注册和专利申请等知识产权保护等相关事务。其他部委，如文化部和卫生部负责相关事务的审查和登记。根据伊拉克专利法，批准后的专利有效期为 20 年。

申请专利时需提供下列文件或证明：

①专利申请报告，包括专利名称、所属科技领域、专利特点、用途及效能等。

②理解专利必要的说明和图示。

③寻求专利保护的文字说明，包括申请人姓名、地址、相关技术细节等。

④如专利申请人是法人，需提供公司或其他实体的授权书。

⑤需提供阿拉伯语的翻译版本。

对伊拉克本地人收费约680美元，对外国人或外国公司收费约1.5万美元。

（2）注册商标。

伊拉克商标法是1957年颁布实施的，萨达姆政权倒台后，经联军临管局政府于2004年修订后沿用至今。目前伊拉克工业矿产部商标注册处负责受理商标注册。即使世界著名商标未在伊拉克注册，政府也给予保护。如触犯商标法，最高刑期为5年监禁，或罚款5000万～1亿第纳尔（3.4万～6.8万美元），严重者，二者并罚。

根据伊商标法，注册后的商标保护期为10年，可另续10年。可在到期前半年内申请延期。商标注册后使用期超过5年，其所有权不容置疑。

需提交的文件包括申请表、商标说明书、相关证明等。

具体收费如下：①注册费30万第纳尔（约204美元）；②发布消息费30万第纳尔（约204美元）；③注册证书费15万第纳尔（约102美元）；④注册延续费40万第纳尔（约272美元）；⑤所有权转让费30万第纳尔（约204美元）。

（二）知识产权侵权的相关处罚规定

1.《专利法》相关规定

在伊拉克，如果在申请日或其优先权日前12个月内发生，且由申请人或申请人的前任所采取的行动或因第三方滥用而向公众披露该项发明，则不影响该项发明授权。伊拉克的专利受到一定的使用限制，尽管授予专利，但是在申请人提交申请日之前或者在申请人的优先权日之前，已经有制造、使用产品的工业生产过程，或者已经为该生产过程进行认真准备，应有权继续使用或按照此类准备中所设想的使用本发明，且该继续使用的权利可以转移或转让。不过，该继续使用权只允许与设施一起使用。如果专利权人在申请之日起4年内或授予专利权之日3年内未利用或未充分利用其发明创造，则该专利将有可能被强制许可使用。

《专利法》为保护专利权人提供了广泛的刑事和民事诉讼。民事诉讼既可以是侵权诉讼，也可以是针对专利无效声明的诉讼（声明性判决）。在此过程中，侵权者可能是制造商、零售商和用户。

可用的民事救济措施包括：搜索（描述）和扣押令；禁止继续进行侵权活动的禁令；转移被没收商品的所有权；销毁侵权商品；损害和赔偿；公布法院判决。

没收假货是向被假冒或收到其他形式侵害的受害者提供有效的专利补救措施。此程序可用作临时措施，以方便收集有关假冒行为的存在、大小和规模的证据，并在以后的诉讼中决定案件的相关金额。

原告可以在简易程序中请求初步禁令，而法官可以发出临时“禁止”令，禁止制作、使用、展示和宣传所有侵权物品。需要注意，虽然禁令和禁令型救济在伊拉克已得到司法承认并可以使用，但很少被颁发。

2.《商标法》相关规定

伊拉克的商标是指能够区分一项经营的货物和其他企业的货物的任何标志或任何组合标志。此外，伊拉克还对“服务标志”“认证标志”进行了专门定义，都以商标的相同方式和相同效果进行注册并获得保护。“服务标记”是指任何人用来识别和区分一个人的服务，例如广播电视节目的标题、人物名称和其他特色可以登记为服务标志。“认证标志”是指任何标志或标志的任何组合，除了其所有者以外用于认证区域或其他来源、材料、制造方式、质量、准确性或其他特征，或者由工会或其他组织的成员执行的产品或服务的工作或劳动。“地理标志”和“集体标志”都属于“认证标志”的范畴，均以商标的相同方式和相同效果进行注册并获得保护。

伊拉克的商标异议程序指的是，任何有利害关系的人均有权在任何商标注册后5年内向法院提出异议申请，异议理由包括商标已成为注册货品或服务的通用名称、3年未使用等。

构成商标侵权的行为是指对相同或相似商品和服务的申请、注册或使用相同或相似商标的行为。提供给商标所有者的法律救济包括：初步性和永久性禁令（尽管实际上很难获得禁令并执行）；损害赔偿；销毁带有侵权商标的商品；公布法院判决。

在提起民事诉讼之前，建议的常见做法是发送“停止”警告，以确保侵权人收到索赔通知。知道商标侵权后，商标所有者可以向主管法院申请初步禁令。获得初步禁令后，必须将其送达被告。

侵犯注册商标是刑事犯罪，可处以1年以上5年以下有期徒刑或50000000～100000000第纳尔的罚款。

3.《著作权法》相关规定

《著作权法》第45条为著作权人提供如下法律救济：要求停止侵

权行为的禁令；没收原件和复制品以及用于制造侵权复制品的材料；要求赔偿损失并没收销售收益。

十、伊拉克对外国公司承包当地工程的规定

在伊拉克，获得伊拉克油田服务协议下的油田开发建设项目需要遵守伊拉克三个法律规范，即 CPA 法令 87、采购法规和石油开发建设临时法规第 27 条。在伊拉克从事石油开发建设，了解熟悉这三部法律法规是最基本的要求。

（一）许可制度

根据承包工程的种类，需由伊拉克有关政府部门审批。比如，石油开采项目需由石油部审批，住宅项目需由住房和建设部审批。伊拉克不允许自然人在当地承揽工程承包项目。

（二）禁止领域

伊拉克政府对外国公司承揽当地工程没有公示禁止领域。

（三）招标方式

伊拉克规划部 2014 年第 2 号指令规定了政府招标项目（涉及政府资金开支）应当遵守的采购规则。第 2 号指令规定了招投标的方法，其主要要求是根据拟议交易和政府采购合同适用的强制性规定，采用公开招标或有限招标程序。此外，第 2 号指令还要求投标人缴纳投标保证金和履约保函。并非所有政府部门均采用伊拉克采购规则。例如，伊拉克石油部过去对石油合同的招投标就采用其自行制定的规则。常见的招标方式包括公开招标、邀请招标、议标等形式。

对于公开招标项目，政府项目一般通过伊拉克各个政府部门如石

油部、交通部、通信部等召开的新闻发布会以及媒体和相关网站上发布招标信息或公告；商业项目的业主一般通过公司官方网站或伊拉克当地报纸、刊物等形式公开刊登招标公告。招标公告中包括项目名称、地点、标书价格等项目基本信息。一般来说，无限制的公开招标项目多为中小型项目，且工作范围属于本地公司能力范围内，竞争较为充分的领域，因此不设准入门槛，购买招标文件即可参与投标。而大中型、重要政府项目、国际公司作为业主的商业项目，通常设有准入门槛，需要首先通过相关资格预审进入政府及业主短名单后，才可以获取公开招标的项目信息并选择参与竞标。

邀请招标。美伊战争后伊拉克进入较长时间的动荡时期，政局不稳，本地承包商受到较大冲击，工程承包能力有较大幅度的下滑。战后重建过程中，有很多外国公司参与进来。在面对一些大型或特殊项目时，往往没有足够本地承包资源有能力完成项目。业主通常会考虑在自家短名单的基础上，邀请有足够业务能力的公司、过去有过良好合作经验的公司，行业内知名承包公司，通过邀请招标的方式选择承包商。一般来说，由业主向潜在承包商公司发出邀请函或兴趣函，说明项目背景和基本情况，询问承包商公司的竞标意向。承包商正式答复参与意向后，业主再行发放招标文件，进入招标流程。中资企业参与的项目，大多是以此类招标方式为主。

部分项目存在议标的可能，一般取决于项目特殊背景，与业主关系，或是私人项目等因素。议标项目往往是业主较为信任的公司，有明确的合作倾向。通常在技术方面没有分歧，项目双方主要讨论报价情况。降价的谈判通过澄清、备忘录等形式作为标书的一部分内容落实为书面文件。议标的周期取决于项目的具体情况。

（四）承揽工程项目的程序

在伊拉克承揽工程项目的程序如下：

第一，获取招标信息。政府项目可以通过伊拉克各个政府部门，如石油部、交通部、通信部等召开的新闻发布会以及媒体和相关网站上获得招标息。

第二，投标。购买标书，在规定的时间内递交投标书并经过技术资审和交纳履约保函，之后在招标会上查看是否中标。如中标，到伊贸易部公司注册处注册公司，不是法人公司，是承包公司性质，再到伊财政部预先缴纳所得税，合同额3%左右，多退少补。对某些项目，也可以由伊方邀请进行议标。

第三，签订政府项目承包合同。合同的签订需要缴纳合同金额的1%为签字费，并在合同中规定承诺半年内一定动工，否则接受相应的处罚罚金。

私人项目由业主自己或委托代理公司发布招标信息和进行招标，或邀请承包商议标。

十一、伊拉克石油法律法规体系及其特点

目前，伊拉克石油法律法规体系可分为宪法、石油法、石油行业法规和石油合同四个层次。

（一）宪法对各级政府权力分配不明晰

2005年，伊拉克颁布了《伊拉克宪法》，对本国油气资源的所有权和管理权进行了说明。按照宪法规定，石油及天然气等自然资源属于伊拉克人民所有；在公平分配石油收益的基础上，中央政府与油区

地方政府共同管理油田生产的油气，共同制定石油行业的发展战略政策。在第110条的中央政府集中权力和第114条中央与地方共同权力的规定中，未能明确能源事务为中央政府集中权力或是中央与地方共同权力。但是宪法第115条规定，如果中央与地方在共同权力上出现分歧，地方政府具有优先权。目前，利益各方对宪法的解释各有不同，集中体现在地方政府是否对石油开发拥有最终权力。从现状看，中央政府仍掌握石油开发和发展的最终控制权。

所有权和管理权等权力分配不明晰，尤其是执行权力的不明确，将影响未来伊拉克石油资源的开发和投资方式等重大问题。例如，已签署的某些油田合同，因未经议会批准而遭当地议员质疑其合法性，导致地方政府与议会一度发生激烈冲突，原因就是宪法对各级政府机构的能源事务管理权力规定不明确。

（二）伊拉克石油法草案尚未获国会批准

为加快吸引外资和战后重建的步伐，伊拉克于2007年2月出台了《石油天然气法（草案）》（简称石油法草案），并通过了内阁的批准。但库尔德自治区随后以该草案在没有得到库尔德方面同意的情况下被修改为由，拒绝在国会上为石油法草案投赞成票。2011年8月初，伊拉克政府称，已经对2007年版的石油法草案做了进一步修改，经内阁批准后已提交国会。围绕石油法的争执一直持续至今，这使得伊拉克的石油开发和外国投资一直缺乏法律依据。石油法的缺失在一定程度上妨碍了伊拉克石油工业的恢复和发展。

2007年石油法草案的相关法律条款主要包括以下内容：（1）创建一个能够代表国家对油气上游资源实施管理的实体；（2）恢复并加强伊拉克国家石油公司；（3）规范石油勘探开发授权工作；（4）规范油

气上游行业的经营；（5）建立健全油气行业财税体系；（6）实施下游业务的授权管理；（7）规范油气管道和炼厂的建设和经营。

同时，该法律规定油气监管的权力架构层级依次为：国民议会、内阁、联邦石油天然气委员会、石油部、国家石油公司、地方政府。详见图4-1。

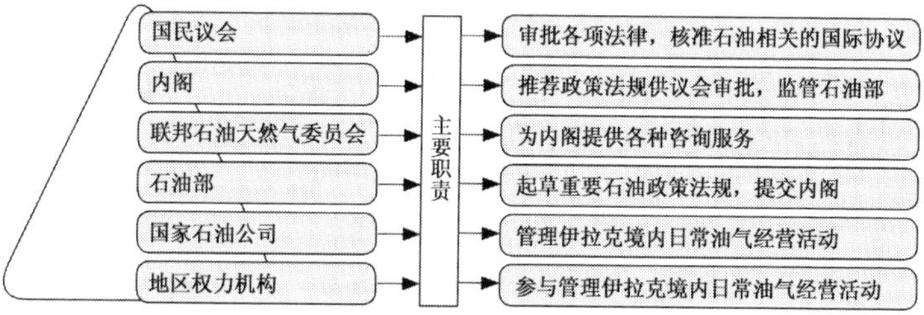

图4-1　伊拉克油气监管权力架构层级

（三）石油行业法规急需建立

目前，伊拉克具有可操作性的石油行业法规严重缺失，石油部通过政府行政命令或以文件的方式控制和监督石油作业。这使得国际石油公司在油田的开发作业中缺乏明确的规范指导，只能通过遵循石油合同中模糊的国际石油行业最佳规范以及通过与石油部、地方石油公司的合作等方式，解决生产作业中的相关事务和问题。

另外，鉴于石油部和地区石油公司（南方石油公司、北方石油公司和米桑石油公司）权责不清晰的现状，伊拉克政府正在酝酿一部旨在建立伊拉克国家石油公司（INOC）的法律。在该法律中，伊政府将未来的石油行业管理机构设置成相互独立的三角形结构，其中石油部负责能源政策的制定，立法机构和监管机构负责授予合同和规范石油勘探开发活动，国家石油公司具体负责勘探开发经营活动。国家石油公司将在整合目前地区石油公司、专业公司以及石油部相关部门的基础上成立。国家石油公司将取代目前石油合同的合同主体，成为外国公司新的合作对象。

（四）对外石油合同采用服务合同模式

2008 年 11 月，由中国石油和中国北方工业公司合资成立的绿洲石油公司与伊方签署了艾哈代布项目油田服务合同，成为伊拉克战后第一个对外的石油合作项目。此后服务合同模式为伊拉克政府所采纳。伊拉克已举行的五轮油气区块国际招标中，签订的 14 个油气田合同均采用了服务合同模式。虽然第二轮的合同模板相比第一轮有所变化和改进，合同名称也从技术服务合同变成开发生产服务合同，但是服务合同的原则条款没有变化。目前最新的是 2018 年 5 月开展第五轮油气区块国际招标中所采用的新合同模板。

根据伊拉克石油部公布的服务合同模板，合同签约主体一般由地区石油公司代表石油部作为合同一方，外国石油公司和另一个地区石油公司或石油部指定的下属公司作为承包商，合同有效期一般为 20 年，可申请延长 5 年。外国承包商提供油田开发和作业所需的技术和资金，提高油田产量并按要求达到高峰产量目标。合同一般就有关费用、最低义务实物工作量和估算投资作了规定。

服务费由石油成本和增产报酬费组成，从一定比例的增产油中予以回收。其中，石油成本包括资本性支出和操作费，报酬费是政府支付给承包商增产油的报酬，一般在 1 ~ 4 美元/桶，每年由承包商提前向政府申请商定回收形式（现金或原油）。同时，承包商需要根据报酬费缴纳所得税。合同规定的补充费用一般包括签字费、排雷费、污染治理费、政府承担项目费等，承包商通过基础产量中的特定比例予以回收，但政府需支付一定的利息。对服务费和补充费用的回收时间点的规定一般如下：对于已开发的油田，回收时间点为剔除基础油后，油田产量增产10%并维持一段时间；对于尚待开发的油田，回收时间点为初始商业产量在一定时间内维持合同规定产量。

[案例4-3]

中国石油企业因为在战后的伊拉克投资最早，所以占份额最多、签订的合同条款往往也最优惠。能从中获益的剩余可开采原油储量远居英、美、俄各国石油企业之前，比马来西亚、挪威、意大利各国石油企业的权益储量加总更多。

迄今为止，中石油在伊拉克共拥有三个油田项目，分别是艾哈代布、鲁迈拉和哈法亚项目，中石油能从这三个油田项目获得权益的剩余可开采原油储量是54.265亿桶。再加上2013年底中石油通过下属全资子公司收购了埃克森美孚持有的伊拉克西古尔纳-1期“技术服务合同”（TSC）25%的权益储量，即9.7665亿桶。也就是说，单只中石油的油田项目中就有64.0315亿桶的剩余可采储量，这一权益储量排在伊拉克投资的外国石油公司公司之首。

大多中国石油企业与伊拉克政府签的是让某些国人不满的“技术服务合同”，可并非所有的中国石油企业在伊拉克都没签“产品分成合同”。2009年8月，中石化收购总部位于瑞士的Addax石油公司，由此获得了基尔库克地区塔克塔克油田的“产品分成合同”权益，完全拥有油田扣除投资成本和矿区使用费后的36%利润油气。由于库尔德自治区政府一向反对伊拉克中央政府干涉当地石油事务，在2010年底之前，伊拉克政府坚决不承认库尔德自治区政府与外国石油公司已签订的“产品分成合同”。

在得知中石化不愿放弃塔克塔克油田权益后，伊拉克石油部把中石化列入黑名单，禁止其参加当时举行的第二轮油田招标。这一禁令至今都未正式解除，由此导致中石化进一步投资伊拉克石油产业的道路面临被封堵的困境。

自2008年至今，伊拉克政府共进行了5轮油气资源区块公开招标。按行业惯例，外国石油公司在签订合同时要向产油国付“签字费”。伊拉克的5轮招标中，除了中石油和英国石油集团公司（BP）联合中标的鲁迈拉油田的5亿美元“签字费”可以回收外，其他油田的“签字费”都不可回收。又如中石油员工对哈法亚油田项目的自述，“从2012年3月份始，由于中方对合同研究得细致而透彻，在与伊方的交流中占据了主动，使得投资者提前一个季度回收投资4亿美元，并且多争取到了1200万美元的报酬费”。

中国国内有人称“中石油没在伊拉克捡到便宜”，理由是中国的各石油企业与伊拉克政府签订的是“技术服务合同”而非“产品分成合同”，“挖出来的油不是中国企业的，中资企业只能靠劳务向伊拉克政府索取报酬”。这一说法并不准确。按伊拉克政府与各国石油公司签订的“技术服务合同”，国际石油公司作为承包商的确对开采区的油气不具有所有权，承包商所获经济效益不只是“单桶油报酬费”，还有伊拉克政府为油田净产量返还的承包商投资。承包商还可以选择是通过现金还是通过等价原油来获取“投资返还”与“单桶油报酬费”。

中石油与很多国际石油公司一样，选择了以收取原油的方式获酬。2011年5月14日，伊拉克政府以价值2亿美元的200万桶巴士拉原油支付了中石油鲁迈拉油田项目的“投资回收”与“单桶油报酬费”。2012 年 12 月初，中石油哈法亚油田项目也提取了第一船充抵“投资返还”的“成本油”。到 2014 年 2 月，哈法亚项目已经按照合同提油 4 船。

点评：

“技术服务合同”中的承包商虽不享有油气所有权，但亦不承担勘探投资风险。按伊拉克与各国石油公司签的合同，石油增产量收入的 50% 可作为“回收池”用于“投资返还”。由于伊拉克招标区块大多为已探明储量的油田，尤其是 2008 年第一轮油田“增产服务”招标和 2009 年第二轮“新建油田”招标，油田规模大，承包商的“投资回收池”通常也较大，足以保证成本及时回收。而且回收速度也快。2008 年招标的合同规定，承包商实现油田基础产量增产 10% 之后的下一季度即可启动投资回收；2009 年招标的合同要求，承包商实现初始商业产量并维持一个季度，即可进入投资回收期。按中国各石油企业近五年的实践来看，实现增产 10% 仅需 1 ~ 2 年时间，实现初始商业产量一般需要 3 ~ 4 年时间，相对于“产品分成合同”模式下从勘探到开发需要 8 ~ 10 年才进入回收期而言，“技术服务合同”可实现快速回收，承包商通过相对较少的自有资金投入就可实现项目的滚动发展，实际投入资金相对较少。

十二、伊拉克对中国企业投资合作的保护政策

（一）双边投资保护协定

中国与伊拉克尚未签署双边投资保护协定。

（二）中国与伊拉克签署避免双重征税协定

中国与伊拉克尚未签署避免双重征税协定。

（三）其他协定及发布的声明

中国与伊拉克双边签署的其他协定见表 4-4。

表 4-4　中伊签订的双边协定

序号	签订时间	双边协议名称	签订地点
1	2007 年 6 月	中伊经济技术合作协定	北京
2	1981 年 5 月	中华人民共和国政府和伊拉克共和国政府贸易协定	北京
3	2010 年 4 月	关于减免伊拉克所欠中国 80% 债务的协定	北京
4	2015 年 12 月	中华人民共和国和伊拉克共和国关于建立战略伙伴关系的联合声明	北京
5	2018 年 5 月	中国信保与伊拉克财政部签署的出口信用保险合作	北京
6	2019 年 9 月	中国与伊拉克“石油换重建”项目协议	北京

十三、在伊拉克解决纠纷的主要途径及适用法律

伊拉克与商务投资相关的法律有《投资法》、《公司法》、《商业法》、《劳动法》、《竞争与反垄断法》（2015 年修订）以及进出境、海关和纳税相关规定。除《投资法》是 2006 年出台并于 2010 年和 2015 年修订以外，其他均是萨达姆政权时期颁布实施和欧美联军临管局颁布实施的，随意性较大，存在诸多不明确和不平等之处。如发生商务纠纷，可向伊拉克当地法院提起公诉，按伊拉克法律处理。在伊拉克

法律不明确处，参照内阁相关规定处理。

中国企业和人员在伊拉克遇到纠纷时，可以寻求以下途径：

（一）寻求法律保护

中国企业在当地如有贸易纠纷或劳务纠纷，可向伊拉克劳务管理部门投诉或咨询，亦可与中国驻伊拉克使馆领事部联系咨询，寻求法律保护。

另外，虽然伊拉克具有良好的国内仲裁法，但与国际仲裁尚未接轨。伊拉克是阿拉伯国家联盟公约国际商业仲裁（1987 年）和利雅得司法合作公约（1983 年）的签字国，但尚未签署或采纳两个最重要的国际商业仲裁法律文件，一是承认和执行外国仲裁裁决的联合国纽约公约（1958 年，通常被称为纽约公约），二是作为公约附件的由联合国国际贸易法委员会（简称贸易法委员会）设立的规则和程序。

虽然解决纠纷内容在伊拉克国家投资法第 27 条款中已列明并详细说明了伊拉克人和外国人各自享有的权利，但缺乏实施细则又导致法律在实际操作中的不确定性。

国内仲裁在伊拉克民事诉讼法的第 251～276 条款中有详细规定并需提供书面形式的仲裁协议。需要的仲裁员团组可来自伊拉克工程师联合会、伊拉克工业联合会和个体仲裁员。

（二）寻求当地政府帮助

（1）密切联系。

伊拉克地方政府重视外国投资。中国企业在伊拉克投资合作中，要与所在地政府相关部门建立密切联系，并及时通报企业发展情况，反映遇到的问题，寻求所在地政府更多的支持。

（2）寻求支持。

遇到突发事件，除向中国驻伊拉克大使馆、公司总部报告以外，应该直接与伊所在地政府取得联系，取得支持。

（三）取得中国驻伊拉克大使馆保护

1. 建立应急预案

中国企业到伊拉克开展投资合作，要客观评估潜在风险，有针对性地建立内部紧急情况预警机制，制定应对风险预案。对员工进行安全教育，强化安全意识；设专人负责安全生产和日常的安全保卫工作；投入必要的经费购置安全设备，给员工上保险等。

2. 采取应急措施

遇有突发自然灾害或人为事件发生，应及时启动应急预案，争取将损失控制在最小范围。遇有火灾和人员受伤，应及时拨打当地火警和救护电话；之后立即上报中国驻伊拉克使馆和企业在国内的总部。

点评：

鉴于伊拉克局势的不确定性，中资企业应该及时建立相应的紧急预案。

Chapter 5

第五章

工程项目投建营全生命周期中的合规要求

作为企业风险管理重要组成部分的项目合规管理，首先要识别合规义务，即合哪些规。企业应以适合其规模、复杂性、结构和运行的方式记录其合规义务。合规义务的来源包括合规要求和合规承诺。

（1）合规要求：企业必须遵守的外部各项法律法规、监管规定。

①境内经营：境内工程建设相关的法律、法规、部门规章。

②境外经营：强调所在国的法律法规、国际条约、规则等。强调对外承包工程相关的投标管理、合同管理、项目履约、劳工权利保护、环境保护、连带风险管理、债务管理、捐赠与赞助、反腐败、反贿赂等方面的要求。

（2）合规承诺：企业自愿遵守的指引、合约、协议、内部章程、规定等。

按内容划分，合规义务又可以分为以下四类：

①法律、法规、规章、政策；

②行业协会等自律性组织的规范、标准、惯例等；

③公司章程及企业内部规章制度；

④诚实守信的职业道德。

我们按工程项目投建营全生命周期，梳理了生命周期各个阶段的合规要求。

一、第一阶段：项目前期论证

（一）中国境内合规要求

中资企业开展境外投资活动前，应当完成中国境内的核准、备案程序，避免出现境外工作完成后因境内合规问题导致投资失败的风险。

1. **中国境内相关政策法规**

中资企业境外投资需要遵守的国内相关政策法规主要包括：国家发展改革委、商务部、国家外汇管理局、国务院国资委等部门制定的相关政策法规等，具体内容见下表5-1。

表5-1 中资企业境外投资需遵守的部门规章

序号	部门规章	发文机构	发布时间
1	《境外投资管理办法》	商务部	2014
2	《企业境外投资管理办法》	国家发展改革委	2017
3	《境内机构境外直接投资外汇管理规定》	国家外汇管理局	2009
4	《关于境内居民通过特殊目的公司境外投融资及返程投资外汇管理有关问题的通知》	国家外汇管理局	2014
5	《关于进一步改进和调整资本项目外汇管理政策的通知》	国家外汇管理局	2014
6	《关于进一步简化和改进直接投资外汇管理政策的通知》	国家外汇管理局	2015
7	《关于进一步推进外汇管理改革完善真实合规性审核的通知》	国家外汇管理局	2017
8	《中央企业境外投资监督管理办法》	国务院国资委	2017
9	《关于进一步引导和规范境外投资方向的指导意见》	国家发展改革委、商务部、人民银行、外交部	2017
10	《境外投资敏感行业目录（2018）》	国家发展改革委	2018

续 表

序号	部门规章	发文机构	发布时间
11	《对外投资备案（核准）报告暂行办法》	商务部、人民银行、国资委、银监会、证监会、保监会、国家外汇管理局	2018
12	《关于做好国内企业在境外投资开办企业（金融企业除外）核准初审取消后相关工作的通知》	商务部办公厅	2018
13	《对外投资备案（核准）报告实施规程》	商务部办公厅	2019

2. 境内核准、备案流程及主要规定

（1）国家发展改革委相关规定。

对敏感类项目实行核准管理，对非敏感类项目实行备案管理。具体见表 5-2。

其中的“敏感类项目”指涉及敏感国家和地区的项目和涉及敏感行业的项目。

“敏感国家和地区”指与我国未建交的国家和地区；发生战争、内乱的国家和地区；根据我国缔结或参加的国际条约、协定等，需要限制企业对其投资的国家和地区；其他敏感国家和地区。

“敏感行业”由国家发展改革委发布敏感行业目录（2018 年 1 月 31 日发布），例如武器装备的研制生产维修、跨境水资源开发利用、新闻传媒、房地产业，根据我国法律法规和有关调控政策需要限制企业境外投资的行业等。

“大额”指中方投资额 3 亿美元及以上。

表 5-2 国家发展改革委相关规定

项目分类	境内企业直接开展投资	境内企业通过其控制的境外企业开展投资	具体内容
敏感类项目	核准（国家发展改革委）	核准（国家发展改革委）	·实行核准管理的，投资主体向核准机关提交项目申请报告并附具有关文件，项目申请报告应当包括以下内容：投资主体情况；项目情况，包括项目名称、投资目的地、主要内容和规模、中方投资额等；项目对我国国家利益和国家安全的影响分析；投资主体关于项目真实性的声明。 ·核准机关应当在收到项目申请报告之日起5个工作日内一次性告知投资主体需要补正的内容。核准机关应当在受理项目申请报告后20个工作日内做出是否予以核准的决定。项目情况复杂或需要征求有关单位意见的，经核准机关负责人批准，可以延长核准时限，但延长的核准时限不得超过10个工作日，并应当将延长时限的理由告知投资主体。符合核准条件的项目，核准机关应当予以核准，并向投资主体出具书面核准文件。

续　表

项目分类	境内企业直接开展投资	境内企业通过其控制的境外企业开展投资	具体内容
非敏感类项目	央企、大额：备案（国家发展改革委） 央企、非大额：备案（国家发展改革委） 非央企、大额：备案（国家发展改革委） 非央企、非大额：备案（省级发展改革委）	央企、大额：报告（国家发展改革委） 央企、非大额：无须履行手续 非央企、大额：报告（国家发展改革委） 非央企、非大额：无须履行手续	·实行备案管理的，投资主体通过网络系统向备案机关提交项目申请报告并附具有关文件。项目备案表或附件不齐全、项目备案表或附件不符合法定形式、项目不属于备案管理范围、项目不属于备案机关管理权限的，备案机关应当在收到项目备案表之日起5个工作日内一次性告知投资主体。备案机关在受理项目备案表之日起7个工作日内向投资主体出具备案通知书。 ·投资主体通过其控制的境外企业开展大额非敏感类项目的，投资主体应当在项目实施前通过网络系统提交大额非敏感类项目情况报告表，将有关信息告知国家发展改革委。投资主体提交的大额非敏感类项目情况报告表内容不完整的，国家发展改革委应当在收到之日起5个工作日内一次性告知投资主体需要补正的内容。

（2）商务部相关规定。

2018年1月25日，商务部、人民银行、国资委、银监会、证监会、保监会、外汇局共同发布了《对外投资备案（核准）报告暂行办法》（商合发〔2018〕24号），规定由商务部牵头对外投资备案（核准）报告信息统一汇总，各部门定期将备案（核准）信息和报告信息通报商务部，实行“备案为主、核准为辅”的管理方式。

2018 年 8 月和 2019 年 7 月，商务部分别出台《关于做好国内企业在境外投资开办企业（金融企业除外）核准初审取消后相关工作的通知》《对外投资备案（核准）报告实施规程》，明确了相关工作细则。

企业境外投资涉及敏感国家和地区、敏感行业的，实行核准管理。企业其他情形的境外投资，实行备案管理。实行核准管理的国家主要是与中华人民共和国未建交的国家、受联合国制裁的国家。必要时，商务部可另行公布其他实行核准管理的国家和地区的名单。实行核准管理的行业主要是涉及中华人民共和国限制出口的产品和技术的行业、影响一国（地区）以上利益的行业。

（3）国家外汇管理局相关规定。

银行按照国家外汇管理局《直接投资外汇业务操作指引》直接审核办理境外直接投资项下外汇登记，外汇局及其分支机构通过银行对直接投资外汇登记实施间接监管。

表 5–3　国家外汇管理局相关规定

银行直接办理的事项	境外直接投资前期费用登记	（1）境内机构（含境内企业、银行及非银行金融机构，下同）汇出境外的前期费用，累计汇出额原则上不超过 300 万美元且不超过中方投资总额的 15%。 （2）境内机构汇出境外的前期费用，应列入其境外直接投资总额。 （3）银行通过资本项目信息系统为境内机构办理前期费用登记手续后，境内机构凭《业务登记凭证》直接到银行办理后续资金购付汇手续。 申请材料： （1）《境外直接投资外汇登记业务申请表》。 （2）营业执照（尚未办理“五证合一”的企业，还需提供组织机构代码证）。

续 表

银行直接办理的事项	境外直接投资前期费用登记	(3) 境外投资资金来源证明、资金使用计划和董事会决议(或合伙人决议)、合同或其他真实性证明材料。 注意: 境内机构为其境外分支、代表机构等非独立核算机构购买境外办公用房的,需提交以下材料: ①《境外直接投资外汇登记业务申请表》。 ②境外设立分支、代表机构等非独立核算机构的批准、备案文件或注册证明文件。 ③境外购买办公用房合同或协议。 ④其他真实性证明材料。
	境内机构境外直接投资资金汇出	银行要求的审核材料主要有: (1)《境外直接投资外汇登记业务申请表》。 (2) 营业执照或注册登记证明及组织机构代码证(多个境内机构共同实施一项境外直接投资的,应提交各境内机构的营业执照或注册登记证明及组织机构代码证)。 (3) 非金融企业境外投资提供商务主管部门颁发的《企业境外投资证书》;金融机构境外投资提供相关金融主管部门对该项投资的批准文件或无异议函。 (4) 境外投资资金来源证明、资金使用计划和董事会决议(或合伙人决议)、合同或其他真实性证明材料。 (5) 外国投资者以境外股权并购境内公司导致境内公司或其股东持有境外公司股权的,另需提供加注的外商投资企业批准证书和加注的外商投资企业营业执照 (6) 其他真实性证明材料。

点评:

企业开展对外投资之前,应针对具体投资项目向各部门进行确认具体流程及要求。同时,国家对于境外投资行业的政策可能随时变化,因此,投资者应当关注我国针对具体行业的境外投资政策，特别是敏感行业或国家战略不支持的行业的政策变动，及时向相关部门咨询、核实。

（二）伊拉克相关法案、政策和规则

项目前期论证阶段，需要研习和了解相关法案，熟悉规则，降低后续工作开展的政策风险。

目前，伊拉克所拥有的法律主要包括宪法、刑法、民法、个人地位法、公司法、投资法、石油产品进口与销售法、私人投资原油炼制法、外国人居住法、环境保护法、税法、劳动法、海关法、军事法、选举法、中央银行法、交通法、商法、商业机构法、自由区法案、工业投资法、鼓励阿拉伯投资法、重大工程实施法案、外国判决执行法案、律师协会法案、民事程序法案、证据法等。客观地说，虽然伊拉克大多数法律的条文本身已经规定得比较充分，但是从整个法律体系上看，仍然明显缺乏各部门法之间的协调性和一致性。

一个比较明显的现实问题是，伊拉克的司法系统严重依赖于制定法，定期公开的法院判决极为有限，即使得到了公开，这些判决也难以具有先例约束力。这就意味着，要实现公平公正的同法结果，前提是伊拉克的制定法体系至少具有内在的完备性和确定性。然而，针对与一系列法案而言，许多术语并没有清晰的界定，条款规定也存在很大的模糊性远不能达到前述对制定法的清晰性和明确性的要求。

在民事案件中，虽然伊拉克民法对于判决规则和证据标准有所指引，但在大多数其他的伊拉克法律中，通常缺少明确的定义和判决标准，这对于伊拉克成为一个民主法治国家来说并不理想。伊拉克战争前，一位评论人士就曾指出："在通常情况下，伊拉克制定法的起草主要从整体和概要处着眼，这就在具体案件的法律适用方面留下了很大的解释空间。"这就意味着，拥有行政裁决和司法判决权的主体在具体的案件处理过程中拥有巨大的自由裁量权。

点评：

伊拉克拥有自己的民法体系，其法律在近些年发生了巨大的变化，从总体上看使得伊拉克的法律环境更加宽松，更加便于外商进行投资和在伊拉克境内从事经营活动。然而值得注意的是，伊拉克司法系统自始就与宗教、民族、部落存在天然的联系，因此，要想更好地利用伊拉克司法系统维护中方合法权益，不能脱离对伊拉克宗教文化的理解和研究，同时必须高度重视部落势力。与此同时，处理好与伊拉克行政当局、司法当局的关系对于争取对中方有利的裁决或者判决结果来说也十分重要，只有这样才能使其在发挥自由裁量权的过程中不偏不倚，公正决断。

（三）前期论证各子阶段

1. 初步可行性研究

建设项目预初步可行性研究是经过投资机会研究，项目业主认为的设想具有一定的生命力，但尚未掌握足够的数据去进行详细可行性研究，或对项目的经济性有疑问，尚不能确定项目的取舍时进行的。为了避免花费过多或费时过长，有时还需要对某些关键性的问题做一些辅助研究，从而深入地判断项目的获利性。

初步可行性研究的主要目的是：判断项目是否有希望，以便决定投入资金进行下一步研究；判断项目的设想是否有生命力，并据以作出是否进行投资的初步决定；确定是否需要通过市场初步分析、地质勘探、科学实验、工厂实验等研究。

初步可行性研究主要从宏观上考察项目建设的必要性和主要建设条件是否具备。通过研究，明确两方面的问题：一是项目的构成，包括产品方案、生产规模、原料来源、工艺路线、设备选型、厂址比选和建设实施方案；二是比较粗略地估算经济指标，进行经济效益分析。

[案例 5-1]

以联合国工业发展组织项目为例，咨询工程师在初步可行性研究中主要从以下内容和要求进行研究和论证：

（1）实施纲要；

（2）项目背景（项目发起人项目历史、已经进行的研究）；

（3）产业在国民经济中的地位以及相关产业政策；

（4）市场分析和销售设想（项目目标和战略、需求预测和供应分析、销售目标和战略生产规划）；

（5）主要投入物（原材料、辅助材料、公用工程）；

（6）建厂条件（厂址外部环境、厂址条件、环境影响）；

（7）工程设计（工厂生产能力、工艺和设备、土建工程）；

（8）组织与管理；

（9）人力资源；

（10）进度安排；

（11）投资估算和财务分析（固定资产投资、流动资金、资金筹措、生产成本估算、财务评价）；

（12）国民经济评价（项目国民经济效益、外汇效果、就业影响、有效保护）。

点评：

不同国家技术标准和规范通国际标准之间存在差异，这些差异很有可能对项目技术方案可靠性、可行性带来风险。比如有些工程建设采用中国标准（GB），有些设计要求采用美国机械工程师协会（ASME）标准，有些可能倾向于GOST标准等。目前中国已经发布《标准联通“一带一路”行动计划（2015—2017）》，以期统一在“一带一路”倡议下的项目技术标准与规范。

2. 可行性研究

可行性研究包括需求预测和拟建规模；资源、原材料、燃料及公共设施情况；建厂条件和厂址方案；设计方案；环境保护；企业组织；投资估算和资金筹措；实施进度的建议；社会及经济效益评价；建设项目设计任务书。

除财务可行性调研外，境外投资前期调研还应包括投资必要性、技术可行性、组织可行性、经济可行性等调研。

（1）投资必要性。根据市场调查及预测的结果、有关产业政策等因素，论证项目投资建设的必要性。在投资必要性的论证上，一是做好投资环境分析，对构成投资环境的各种要素进行全面的分析论证；二是做好市场研究，包括市场供求预测、竞争力分析、价格分析、市场细分、定位及营销策略论证等。

（2）技术可行性。应从项目实施角度，合理设计技术方案，并进行比选和评价。各行业不同项目技术可行性的研究内容及深度差别较大。工业项目可行性研究的技术论证应达到能明确列出设备清单的深度；非工业项目可行性研究的技术论证应达到工程方案初步设计的标准，以便与国际惯例接轨。

（3）组织可行性。制订合理的项目实施进度计划，设计合理的组织架构，选择经验丰富的管理人员，构建良好的协作关系，制订合适的培训计划等，以确保项目顺利执行。

（4）经济可行性。从资源配置的角度，衡量项目的价值，评价项目在实现区域经济发展、有效配置资源、增加供应、创造就业、改善环境等方面的效益。

（5）社会可行性。分析项目对当地社会的影响，包括经济发展、就业增加、法律道德、宗教民族、妇女儿童及社会稳定性等。

（6）风险因素及对策。对项目的市场风险、技术风险、财务风险、组织风险、法律风险、经济及社会风险等进行全面评价，制定能规避风险的对策。在伊拉克开展投资、贸易、承包工程和劳务合作过程中，需特别注意在事前调查、分析、评估相关风险，事中做好风险防控等工作。

表5-4　境外投资项目可行性评估报告框架（参考）

一、总论	五、项目经济效益估算
二、项目实施必要性分析	5.1 投资估算依据
2.1 项目宏观背景	5.2 项目总投资估算
2.1.1 伊拉克宏观政经概况	5.3 项目收益估算
2.1.2 伊拉克宏观政经形势判断	5.4 财务评价
2.2 项目必要性	六、项目组织机构与运作模式
2.3 项目必要性结论	七、项目实施进度方案
三、项目实施可行性分析	八、风险与规避措施
3.1 宏观政治经济条件对项目形成有力支撑	8.1 风险因素识别
3.2 地区产业经济环境有利于项目实施开展	8.2 风险影响程度评价
3.3 项目拟选址已初步具备项目实施条件	8.3 风险规避措施
3.4 结论	九、结论与建议
四、项目实施方案	9.1 可行性研究结论
4.1 建设规模与内容	9.2 项目实施关键建议
4.2 产品方案与产值预测	9.3 专家意见
4.3 项目技术方案	

点评：

工程咨询方为业主开展可行性研究成果一般都是业主对项目

投资决策的依据，是资金筹措和申请贷款的依据，是协调原材料供应、产品销售和运输等问题的依据，也是开展下一步项目工程建设或开展项目总承包工作的依据性文件。总之，可行性研究报告是工程项目前期阶段的一份非常关键性的文件，是工程项目建设启动的首要文件。

3. **项目评估及决策**

项目评估是根据客户的要求，在可行性研究的基础上，按照一定的目标．对投资项目的可靠性进行分析判断、权衡各种方案的利弊，向业主提出明确的评估结论。项目评估要从委托者的角度出发，对拟建项目进行全面的技术经济论证和评价，预测项目未来的发展前景，从正反两个方面提出建议，为决策者选择项目和组织实施提供多方面的咨询意见，并力求准确、客观地将项目执行的有关资源、市场、技术、财务、经济和社会等方面的基本数据资料和实际情况，真实、完整地呈现于决策者面前，以使其作出正确、合理的投资决策，同时也为项目的组织实施提供依据。

项目评估应解决的关键问题是：

（1）对可行性研究中项目目的和目标的分析评价，即从项目的直接目的、长远目标和宏观影响分析项目的可能性和必要性，确定项目的目的和目标。

（2）对项目可研报告的效益进行分析评价，即从项目的投入产出关系，评价其技术、经济、环境、社会和管理等方面效益指标的可靠性和准确性，判断项目的可行性。

（3）对项目可研报告中的风险进行分析评价，即项目投入–产出–目的–目标之间的重要外部条件进行分析，判断项目风险的大小和性质，提出正确的评估咨询意见。

项目评估应坚持系统分析的原则，利用统一的指标、合理的价格、科学的方法，进行独立、客观、公正的科学论证，力求选择出最优方案。

[**案例**5-2]

伊拉克 AI-Douh cement grinding unit（以下称 AD 项目）是中建材集团进出口公司（以下简称 CNBM）根据利雅得投资集团（以下简称 AD 公司）的要约在伊拉克南部城市穆萨那省萨摩沃市郊东南40千米处建设一个3300吨/天规模的绿地水泥生产线，AD 公司是该项目的全资投资人，即业主方，CNBM 采用 EPC 的方式承揽，合同工期为24个月。

中国对外承包商会显示，在众多亏损的 EPC 总承包商中，约有一半以上是由于企业海外市场定位模糊甚至盲目，收到招标文件时急于投标，对投标阶段的风险防范意识不强，甚至对项目建设地的自然环境、社会环境进行没有基本的评估，对项目所在地经济条件和采购市场无初步的调研，这种匆忙应标，导致中标后各种风险隐患在日后的项目执行过程中逐渐显露，恶性循环，盲目投标带来的风险是致命而不可逆转的。所以立项前做好项目风险评估是至关重要的。评估的经过就是项目论证的过程，可行性研究的过程要求系统和科学，主要表现在该过程从市场预测开始，对项目建设的多个方案进行比较，从项目规模、工艺技术以及现场采购等方面进行列举，同时还得兼顾项目建设过程中原材料及能源供给、设备选型难易程度、厂址选择合理性、资金来源、生产成本等各种因素进行分析，通过对项目建设的必要性、技术上可行性、经济上的合理性来研判，这些都是投标决策的关键，CNBM 采用专家经验分析与 AHP 模糊层次分析相互印证法得出的结果作为项目立项可行性的重要依据，避免了“拍脑袋”决策带来的后续风险。

（1）外交关系。中国与伊拉克自1958年建立大使级外交关系，两次海湾战争期间，由于安全因素，我国在伊中止设立外交使馆，但是在战争结束后我国于2003年恢复在伊绿区的大使馆，并为了更好地服务中国企业，商务部同时设立了经参处，据项目前期调研从经参处和当地中资企业了解的情况，中伊外交关系良好，风险较小。

（2）国内局势。2003年第二次海湾战争结束，伊拉克人民对推翻萨达姆的统治之后所造成的权力真空和社会秩序动荡是不满的，这是伊拉克武装派别林立的直接原因，国内民众和周边国家对现在伊拉克的民主进程和人民享有的民主权力是基本满意的，国内虽然有一部分极端分子，自杀式爆炸频现，但国内政治局势基本稳定。

（3）贸易往来。从经参处的年度报告可以看出，伊拉克的日用品70%来自中国，从南部城市穆萨那到北部城市得胡克，每个城市都有中国的商品集散中心或者商品城，可见物流和贸易往来是多方位、顺畅的。

（4）通货膨胀。伊拉克本国主要靠石油出口作为主要的财政收入，海湾战争期间，由于石油生产设施遭到严重破坏，伊拉克通货膨胀非常厉害（2002、2005年均通货膨胀率达70%），被认为是世界上通货膨胀最严重的五个国家之一，虽然自2006年以来，伊拉克政府大规模重建石油生产设施希望因此稳定石油供应量，而且该国政府在清关等一些涉外事务中以美元作为官方货币结算，但货币的汇率波动依然很大，通货膨胀及汇率的风险较大。

（5）工程款支付。伊拉克AD项目采用信用证（LC）付款，其中设计和现场施工采用BOQ（bill of quantity）报价的方式，实际工程量申报结算，设备和材料款按照CIF（cost insurance and freight）价由授信银行直接付款，且该项目授信银行为美国花旗银行，由中信银行担保，所以只要在设计、设备款、现场施工的报价时合理分配资金百分比就可以规避付款风险。

（6）税收。伊拉克目前没有严格的税收缴纳强制法律文件，招标文件中明确提出"承包商可以通过合理申报货物清单并享受进出口免税"，工程税及个人所得税由当地的投资委员会出具投资优惠函给予免除，所以提交准确的免税清单，避免出现漏项，则不会有新增纳税项的风险。

（7）施工成本。CNBM因为执行过较多中东和非洲国家同类型项目，针对不同国家和区域的项目建立了较为完备的指标库。该指标库将中东和非洲国家进行工程承建指标分类，伊拉克属于C类区域，即当地地基较好、施工环境较好、资源匮乏、材料采购困难、价格高。所以导致施工成本增加的主要因素是国内的材料及时发运，无漏项。也就是说风险是可控的，施工成本风险不高。

（8）技术风险。虽然该项目系统多、周期长、交叉作业面广，但是中国水泥新型干法线的项目建设有40年的历史，技术成熟，中国建材集团是中国最大的水泥生产集团，在水泥厂组织生产、水泥厂设计、建设、水泥装备成套进出口上都有丰富的经验，曾经在俄罗斯、马来西亚、越南、中东、非洲承建过十多条同等规模的生产线，投标审核后业主已经同意了中建材的初步设计方案，另外业主聘任的咨询公司也是一家成熟、专业的公司。

公司专家委员根据项目地理位置、施工的难易程度、有无可以借鉴同类型项目列举出项目立项和建设中的有利因素和不利因素，充分考虑本工程是公司在伊承揽的第一个大型总包项目，它的成功中标和实施直接影响着公司下一步战略调整和部署。专家委员会还考虑了项目建设完成后的生产管理承包，以便给公司带来长期的项目收益。这些因素使得专家委员会一致同意应标，虽然专家经验判断带有一定主观性，但评定的结果与 AHP 模糊层次分析法得出的结论是一致的，相互印证，所以使得项目可行性得到保证，降低了决策风险。

很多国内的企业在收到业主的中标通知书后因为没有前期的项目经理的遴选程序，项目前期没有做 AHP 和 Swot 评估，无法有条不紊地进行“软启动”，盲目地快速启动，经常出现工程量已经完成一半，业主的很多基础文件还没有提交，银行手续不健全，信用证无法开取，导致工程款无法支付，缺乏信誉或者实力不济的业主更是以此为由不愿履行合同承诺，甚至连项目也被当地政府认定为非法上马。由于 EPC 工程风险具有递增性的特点，在此种情况下，很多总包单位只有两种选择：停止继续履行合同或者咬牙坚持亏本做完，无论哪种选择都会造成很大损失和较坏的社会影响。中建材伊拉克 AD 项目部非常重视项目“软启动”和硬启动的关系，为了硬启动的过程能够条理清晰，针对 AD 项目的特点，中建材伊拉克 AD 项目在项目“硬启动”前对一些必要的条件进行了梳理，该启动清单的审查可以规避下面的风险：

（1）项目团队在审查项目启动清单的时候明确项目启动，梳理组织架构，明确责任，规避项目团队不作为、效率低下的风险；

（2）双方建立联系人，规避与业主之间信息沟通障碍、混乱的风险；

(3) 与业主确认预付款及保函事宜，为以后的工程款付款理清程序，规避因为程序不清导致工程款延期支付对项目收款造成影响；

(4) 接洽澄清并确认关键事宜，为项目的里程碑计划制定奠定了基础。

点评：

在许多国家，私人和公共投资项目必须在得到项目所在国或地区政府批准后才能实施。政府通常要对项目进行评估，评估拟建项目是否符合政府的发展目标、开发规划，项目对本国当地经济、社会、环境等的影响及经济效益。另一方面，投资者在完成项目可行性研究后，为了分析其可靠性，进一步完善项目方案，往往也聘请另一家独立的咨询机构对可行性研究报告进行评估。而对项目的贷款银行，评估则是其贷款决策的必要程序，评估结论是发放贷款的重要依据。项目评估是项目决策阶段投资者、贷款者最重要的工作之一，一般需要委托第三方进行独立的评价。而在伊拉克，开展项目尤其要对社会安全、环境影响、宗教习惯和部族势力进行评估。

二、第二阶段：建设准备

（一）工程合同

合同是交易参与方之间权利、义务和责任及风险分配载体，是当事人之间的“法律”，境外商事主体，特别是欧美企业，都十分重视交易文件，特别是合同文件的起草和谈判工作，做到交易文件的严谨、规范，保护己方利益。相对说来，我国企业对于交易文件的设计和管理较为粗放，合理利益的争取力度不够，所面临的合同风险更大。

油田开发是我国企业在伊拉克承揽的最常见业务，由于伊拉克政府资金匮乏，其油田的大规模开发基本上都是通过国际招标委托国外有实力的大石油公司来操作。油田开发，目前主要有两类服务合同模式，即：发展与生产服务合同模式和油田技术服务合同模式。两者的区别在于，前者覆盖了油田的勘探开发，而后者没有。除此之外，这两个合同模式大致相同。国外石油公司想在伊拉克获得油田开发服务合同，需要熟悉这两个合同模式及其详细的合同规定。如英国 BP 公司、中石油及伊拉克南方石油公司联合开发伊拉克鲁迈拉油田服务协议就属于后一种合同模式，因为鲁迈拉油田已经探明，不需要勘探，只需要开发。

（二）工程项目计划与设计

标准规范是设计的依据，也是设计的指导性文件。伊拉克项目统一要求使用美标（NFPA、ACI、API、ASTM 等）、欧标或国际标准（ISO、IEC、ITU 等）进行设计，这对习惯采用国内标准和行业标准的设计人员来说极其不易，即便是有丰富设计经验的资深设计师，对国外规范的研究也没那么透彻。

虽然国内标准大量引用美国各行业的标准规范，但仍存在不小差异，在没有充分吃透国外标准的情况下，部分套用国内标准进行设计，使工程项目在施工和验收过程中不符合标准。

1. 项目前期准备过程的设计管理

项目的主要设计依据包括：（1）合同工作范围；（2）国外技术标

准及文件；（3）业主要求；（4）工程所在国的相关法律、人文、宗教、地理等状况。项目总的设计要求是承包商完成符合业主要求的设计。因此，准确理解业主的要求，与业主方多沟通是达到这一目的的关键。

［案例5-3］

需要特别注意甲方（伊拉克业主方提供信息的准确性）。某油田开发项目的前期，伊方公司提供了部分气象、水文、地质、地震等数据资料和部分伊拉克法律法规文件，但很不全面。伊拉克局势动荡，常规的考察调研根本无法进行，仅局限于项目现场的实地勘察。初期，项目组虽然通过各种渠道，搜集到一些现场实用信息，但是毕竟资源有限，对伊拉克的建筑风格、风俗习惯、常用的建筑材料、结构形式等还仅仅是一知半解，只能在随后的工作实践中边设计边学习边积累经验。

点评：

针对设计资料的收集，有如下建议：

（1）先参考此项目区域其他项目的设计输入资料，待条件成熟再校核修改。如，设计之初无地质勘查报告，为避免延误工期，先参考此区域其他项目的地质报告数据进行基础设计，并在设计文件中注明，待本项目的勘察报告提供后，再重新做校核，修改文件。

（2）尊重文化差异，入乡随俗，逐步熟悉认同伊拉克的宗教信仰、风俗习惯等。如，设计之初，某公司按照国内的思维，在伊方员工宿舍及办公楼的卫生间内都设置了坐便及冲洗器，伊方工程师指出不符合他们的生活习惯，此后都改为了蹲便加冲洗器。再比如，尊重伊方的宗教信仰，每座公共建筑内都设置了祈祷室。

(3) 根据现场的反馈随时调整设计，注意收集当地常用建筑材料的信息，确保设计符合现场实际情况。

2. 项目实施过程的设计管理

项目实施过程的设计管理的工作主要包括：(1) 详细设计及报批；(2) 施工图设计及报批；(3) 变更设计图纸的报批；(4) 过程中的技术服务。首先，设计进度的安排对整个项目起着重要作用；其次，在项目初期设计时就要充分考虑设计对采购和施工的影响，及时确定设计涉及材料、设备订货的技术要求和标准，优先安排订货周期长、制约施工关键控制点的设计工作；最后，为缩短施工周期、保证施工总体进度，应按阶段进行设计交图工作，即完成一部分分项工程设计后，按业主及 PMC 的管理要求履行审批程序，然后交付采购和进行施工。

3. 伊拉克项目的主要设计管理问题

(1) 投标阶段的设计支持。

在投标阶段，设计人员必须要认真研究招标文件，充分熟悉设计文件并了解业主意图，详细分解设计工程量。对于模糊事项及设计漏项应尽早提交澄清文件，确保在投标截止日前能够提交一份较为准确的设计工程量清单。

工程量的准确与否直接影响到投标报价，是项目中的重要控制环节。

(2) 设计标准规范的执行。

标准规范是设计的依据，也是设计的指导性文件。伊拉克项目统一要求使用美标、欧标或国际标准进行设计，对于一直使用中国标准规范的设计者来说，学习一种全新的标准体系，而且是英语语言，难度是非常大的。

[**案例** 5–4]

某在伊拉克项目，在进行原油罐区消防设计时，设计人员根据国内消防设计规范，仅考虑到最大储罐消防泡沫使用量，并未考虑同一防火堤内其他同类介质储罐的泡沫需求量，系统中泡沫液供应量至少应对所需防护的最大单项危险源，或同时防护一组危险源。因此，造成设计的泡沫液罐容积过小，不能满足整个罐区的消防要求，最终只能通过利用老消防系统泡沫罐提高泡沫液罐容积来满足要求。

点评：

中企可聘请国内知名工程公司的美标设计专家讲课答疑，邀请做过中东项目的工程人员传授经验，向已在伊拉克开展工作的其他工程公司请教学习等。

短期间内项目人员都精通美标这是不现实的。项目组安排部分人员先期投入，利用各种渠道，了解和熟悉美标后逐步编制出设计文件模板，尤其是设计说明书、料表、标准详图等，后期参与人员直接从模板文件入手，少走很多弯路，效率高的多。

（3）设计深度的差异。

我国工程行业已相对发达，如建筑装饰、轻钢结构、建筑幕墙等等专业分工十分细化，很多专业施工企业都具备相应的专项设计资质，设计公司的设计文件到了专业承包商那里，会进行二次设计，做进一步的优化。这样，社会各工种优势互补，工程设计公司的许多设计工作减轻了，同时也没有那么细致了。但是伊拉克的工程技术行业相对落后，土建施工承包商的技术薄弱，没有各种专业的施工承包商，没有标准图集，建筑材料的选择也极其受限。这就要求提交的设计文件必须包含所有的细节设计，如主体结构、水电暖通、消防设备、电气通信、装饰装修、卫生器具、家具的配套选择等。

[案例5-5]

伊拉克某油田项目设计文件包括设计说明书、材料表、设备表、工程量清单等。国内一般的设计项目（EPC项目除外），极少会要求提供工程量清单，但是本项目必须提交，业主作为施工承包商招标文件使用。伊拉克当地承包商投标完全按照工程量清单的数量报价，一旦中标，就以此报价作为合同价格，并且竣工价格偏差不能超过10%。给了项目设计人员极大的压力，工程量清单必须细致、准确。

点评：

针对设计深度方面的应对，有如下建议：

（1）选择合适的专业设计分包商。从公司的主业及发展战略来看，某些专项设计不属于主要业务范围，整合资源，寻找专业的设计分包商合作是本项目最好的选择。例如，建筑装饰设计。

（2）建立标准详图模板库。标准详图、安装详图，都需要设计者自己绘制，转化成符合美标要求的、符合现场材料的英文版施工详图，工作量非常大。这个工作也是前期设计模板制作的一部分，并随着项目的进行不断扩充，大量详图模板做好后，后续的设计就轻松了许多。

（3）工程量清单。对设计人员宣贯工程量清单的准确性及严谨性的重要性，高度重视其编制工作，并做到设校审人员都要仔细核对后才能正式发出。

（4）设计变更管理。中国承包商负责的EPC项目业主多为中方企业，因此，国内的一些风气和习惯或多或少会带入到国外项目中。国外业主对中国承包商的普遍共识是：重进度，轻合同，总想快点把项目干完，所有问题都放到最后解决，忽视了变更程序，最后吃了大亏。伊拉克项目中的设计变更问题亦是同样。

[**案例** 5–6]

中海油石化工程公司在承接伊拉克一原油处理和脱气站建设项目两个单元的设计过程中，根据中方业主要求，对两个单元的工艺流程进行了优化，偏离了原有的FEED设计文件。根据合同中，变更管理相关条款，需要提交正式设计变更申请，在得到业主批复后方可实施，但由于变更程序复杂，需中伊双方联合作业机构认可后，再上报联合管理委员会高层和伊拉克石油部进行审批，设计变更的批复周期无法确定。为了防止项目建设突破合同工期引发巨额罚款，又碍于中方业主对项目进度的压力，最终该公司在未得到正式变更批复的情况下完成了项目建设，导致项目完工验收过程收中，因工艺流程变更问题而引发的长达8个月的技术澄清和商务谈判。虽然最终的谈判结果是通过生产运行和性能测试结果，验收委员会最终承认了变更后工艺流程的合理性，但是装置运行期间，该公司投入了大量人力、财力和物力用于装置操作和设备维护，造成一定的损失。

（5）设计文件版本管理。国内一般是设计发图后，现场有问题，以变更单形式解决。本在境外项目是按照国际惯例，文件修改升版。但施工过程中，变更问题经常出现，一出现问题就升版的话，牵扯到的设计文件会很多，各专业文件版本易不统一、发生混乱，效率会非常低下。

点评：

某在伊拉克项目，中国承包商同业主协商：小问题先出变更单，累积一段时间就修改升版一次文件。这样既不耽误现场进度，也会保证版本的实时更新，到最后阶段的升版文件基本就是竣工图了。

（6）设计与采购、施工的结合。

在设计时就要结合当地的实际情况，充分考虑设计对采购和施工的影响，考虑材料的经济性和施工的合理性等。伊拉克的多数建筑材料都要进口，材料选择不当，会严重影响建设成本及工期。

[案例 5-7]

某在伊拉克工程项目的楼面面层，为了走管线方便及增强隔音效果，按照国内做法，在混凝土楼板上做了 60 厘米厚 LC7.5 轻骨料混凝土填充层，施工承包商又发来澄清，当地没有这种材料，若等承包商再去采购，最少得三个月，工期又得拖延，只有取消。

4. 在伊拉克工程项目设计的特殊事项

（1）安保方面的设计。

伊拉克局势动荡、袭击频发，安保方面的设计是要面对的十分重要的问题，这却是“走出去”企业在国内未曾遇到过的课题。在伊拉克承包工程时，应当在当地业主的帮助下，考察调研，结合业主安保顾问和 HSE 部门的意见，吸取驻伊拉克其他石油企业的安保经验，开展安保方面的设计。

（2）市政基础设施设计。

伊拉克基础设施薄弱，很多当地工程项目没有任何市政配套，所有配套设施都需要项目自建。如：

①施工电源需要柴油发电机解决。在新的电站投用前，新建工程电源都是柴油发电机，所以电气专业总体规划时，还要考虑柴油发电机的配置。

②需要自建新鲜水站。

③需要自建污水处理站。生活及生产辅助设施的污水，都排污水处理站处理，处理完的中水作为绿化用水使用。

[**案例** 5-8]

伊拉克 AD 项目在投标阶段首先由公司技术部和市场部召集设计分包商进行合同交底，明确业主的真实意愿和项目采用的建设、设计的标准，业主的要求并且多次召开专家论证会对项目总图和初步设计进行优化，这不仅规避了因为总图缺陷导致无法中标也避免因为工程量清单不准确影响日后的工程款回收的风险。

伊拉克 AD 项目非常注重运作过程中有效组织和引导设计单位，把握环节重点，规避因为设计增加了施工难度和成本，影响施工进度。AD 项目严格执行图纸提交审核程序，一方面由设总进行把关，很好地将工艺、土建、水气、暖通、电气各专业结合在一起，避免各自为政，图纸关联性不强，影响图纸准确性，从而影响现场施工进度；另一方面 CNBM 根据合同标准把关，优化设计避免设计图纸的保险系数过高，材料浪费，工程量增加，现场施工人员根据施工现场的实际地质情况（有些地质结构的复杂程度很难按照施工图纸完成）和市场情况（有些施工要求特殊材料不能进口，当地也无法采购）进行把关，由驻场代表修改完毕后提交咨询公司批准。

（三）工程项目施工条件的准备

1. 施工单位资质

项目进行阶段伊拉克政府要求所有承包商都要在巴格达商务部门注册公司，注册公司的主要手续和材料较为复杂。尽管大多数承包商工作地点位于油田区域，而注册公司在巴格达、巴士拉等伊拉克最为动荡和恐怖活动集中的地方，为公司无形中增加了巨大的成本（巴格达、巴士拉等地安保车租赁、房租等生活成本高昂）。

点评：

世界各国都对国内外的建筑承包商进行资质管理，以保证工程建设的质量安全，维护本国公共利益，规范建筑市场秩序。对外国承包商进入本国建筑市场设置准入条件是世界各国的通行做法。而中企开展境外经营，建议参与所在国的资质认证。

2. **施工准备的内容和要求**

国际工程应按照评审通过的实施方案做足准备。施工准备工作是为保证顺利进行工程施工而必须事先做好的各项工作，它是施工生产的头一个重要阶段。

（1）施工准备工作的内容。

①进行技术经济调查、建立施工的技术经济条件。包括现场条件和生产条件的调查、会审图纸、施工组织设计的编制与审查、签订工程合同、编制施工概预算等。

②施工物资、人力准备。包括组织材料、构件、成品、半成品的加工、运输和进场，以及施工机械设备进场、安装和调试。施工队伍的组织包括建立施工现场管理机构、组织好项目管理团队、分配好施工资源、签订专业合同和分包合同、招募伊拉克属地人员、国际劳工，并进行教育和培训。

③进行施工现场的准备。包括施工现场的“三通一平”、临时设施的搭建、进行现场的测量放线等工作。

④手握开工报告，申请施工许可证。应当具备下列条件：设计图纸供应已落实；征地拆迁手续已完成；施工单位已确定资金、物资和为施工服务的市政公用设施已落实；其他应当具备的条件已落到实处。

（2）施工准备工作的要求。

①编制施工准备工作计划。编制单位工程施工准备工作计划要结合施工现场的具体条件，将施工各项工作的内容逐项确定完成日期，落实具体负责人。单位工程施工准备工作的内容包括：现场障碍物消理及场地平整；临时设施的搭建，水电管线的安装；场内交通道路及排水沟的修筑；材料、机器设备及劳动力进场；加工订货及设备的落实。

②建立严格的施工准备工作责任制。按施工准备工作计划将责任落实到有关部门和人，同时明确各级技术负责人在施工准备工作中应负的责任。

③建立施工准备工作检查制度。施工准备工作不但要有计划、有分工，而且要有布置、有检查，以利于经常督促、发现薄弱环节和不断改进工作。

（3）施工准备工作应做好几个结合。

①施工与设计相结合施工单位接受施工任务后，在熟悉与审查图纸时，必须考虑施工能否满足设计的要求，并就材料、构件的选择及施工方法、质量要求等方面与设计单位取得一致意见。

②室内与室外准备相结合。室内准备工作主要是指各项技术经济资料的准备（如熟悉、审查图纸，编制施工组织设计等），室外准备工作主要是指施工的现场准备。在做技术经济资料准备时，必须与施工现场的准备相结合进行，必须首先深入调查施工现场的实际情况，使施工组织设计切实起到指导现场施工的作用。

③班组准备与工地总体准则相结合。在做班组施工准备时，要结合图纸及施工组织设计的要求，熟悉有关的技术规程、规范，协商各工种之间的衔接配合，力争连续、均衡施工。

（4）施工准备工作必须贯彻在施工全过程的始终，并力求分工协作。

施工现场受客观环境条件的影响较大，必须及时解决施工中的管理问题和平衡调度问题以便适应实际需要。

3. **程序文件等资料准备**

（1）调查研究、收集资料。

①现场条件调查。包括建设周围地形与自然标高，地上障碍物、地下障碍物及施工可临时利用的场地等条件的调查，对交通运输道路、进场路方面的调查，施工用水用电调查，掌握水文地质方面的资料。

②生产条件调查。了解工程的性质、意义，以及合同工期的要求或国家、企业计划的要求，作为安排施工生产计划的依据；了解劳动力的情况，尤其是主要工种布置和分配情况，以及工人的技术水平；了解施工机具的供应情况；了解材料供应情况；了解成品与半成品的加工供应情况。

（2）熟悉审查图纸。

熟悉图纸是为了了解和掌握设计的内容及要求，防止发生指导错误。审查图纸一方面是为纠正设计中的错误，另一方面是为了发现不利于施工的设计，以便进行协商解决。各级施工技术人员在施工前必须认真学习、熟悉图纸，各工种专业人员要重点熟悉本工种的图纸，了解设计意图及施工的技术标准、工艺规程等，并提出本专业工种的问题及困难。

（3）编制程序文件。

程序文件的核心内容是资源的配置、实施方案和方法以及检验标准。由于程序文件是项目活动的指导性文件，在编制之前首先应由各个执行部门的专业人员制定实施方案，制定方案过程中，应满足合同文件中相应的标准、规定，但应以合同的最低要求为准则，以降低成本和保证项目的进度。程序文件应严格遵照而不切合实际地增加资源、提高标准，或为了降低成而不切合实际地增加资源、提高标准，或为了降低成本而过分降低资源的配置和标准都是不可取的。

（四）工程项目招投标

伊拉克政府或国有企业通过与第三方签署协议要求提供物质或服务，被称为公共采购。显然，通过合同约定，要求国外工程公司开发油田等，也属于公共采购的范围，如ROO分包鲁迈拉油田开发建设服务等。在伊拉克，公共采购受制于CPA法令87款和采购法令，任何想进入伊拉克从事石油开发建设的中国工程公司需要熟悉掌握这两个法规。负责CPA法令87实施的部门是伊拉克政府公共合同政策办公室，隶属于伊拉克计划发展合作部。

CPA法令87适用于公共采购，公共采购由伊拉克联邦政府、地方政府及伊拉克国有公司负责实施。

CPA法令87 Section1（1）规定：此法令适用于伊拉克所有物质服务采购及建设服务，物质服务采购及建设服务通过伊拉克相关部委或其他联邦机构实施或通过伊拉克地方政府或有权使用公共资金的伊拉克相关部门实施。

CPA法令87 Section2（c）规定：当公共物质服务采购或建设服务合同由伊拉克国有公司实施时，此法令适用于伊拉克国有公司，当然，这些公共物质服务或建设服务由伊拉克政府直接提供资金。也就是说，如果公共物质服务或建设服务直接由伊拉克政府提供资金，那么，伊拉克国有公司将受到CPA法令87公共采购法令的约束。CPA法令87没有解释“直接由政府提供资金”的具体含义，中国公司在伊拉克从事石油工程建设时，一般都是伊拉克国有石油公司主导，伊拉克国有石油公司投资的项目，当然属于公共资金，理所当然受到 CPA 法令 87 公共采购法令的约束。

CPA 法令 87 Sections1（1）和 2（c）明确规定了建设服务，从而，也可以认定适用于建设项目包括油田建设项目。如果一个油田建设项目被一家伊拉克国有公司获得诸如一家伊拉克地方石油公司（如 SOC），或者被可能的在油田服务合同框架下成立的一家联合运营公司获得（如 ROO），这样的建设项目当然适用 CPA 法令 87。

CPA 法令 87 Section10（2）规定：如果没有足够的资金来专门用作支撑公共服务合同的履行，不能授标公共物质服务采购或建设服务合同；建设项目必须有足够的资金支持，而且这足够的资金必须专款专用。所以，中国公司从事伊拉克国有公司的油田建设项目时，可以要求伊拉克国有公司提供资金证明。

另外一部法规是采购法规，和 CPA 法令 87 具有同等的重要性。其第二条第一款规定：采购法令适用于伊拉克政府部门或公共机构签署的合同，这些政府机构或公共部门主要是指伊拉克各部委，不是省级或地方级政府机构或公共部门（这与 CPA 法令 87 的规定有所不同，注意区别），这些合同或者与伊拉克籍或非伊拉克籍公司签署，主要实施公共服务或咨询服务合同或提供与项目相关的物质或服务。采购法规适用于政府机构包括公共服务机构签署的所有合同，显然，也适用于伊拉克国有公司签署的合同，如伊拉克地区石油公司。

CPA 法令 87 和采购法规是否适用非伊拉克国有公司，这个问题从这两个法规本身规定来看，仍然不是很清楚，比如是否适用于私营国际石油公司或外国国家石油公司，并没有明确的规定。不过，它们如果在伊拉克从事石油开发建设，依然会小心翼翼地遵从这些法规。

如果 CPA 法令 87 和采购法规这两部法规适用的话，实施主体必须遵守这两部法规规定的程序，这些程序包括：

（1）项目实施主体必须尽最大实际可能通过招标程序授予项目的开发和建设。

（2）规定授标标准，CPA 法令 87 Section 4（3）（b）规定了竞争性招标授标标准，CPA 法令 87 Section 5（2）（b）规定了议标授标标准。关于授标的标准，采购法规 Article 5（2）（p）也有规定。这些授标标准需要遵守。

至于投标人采取什么方式投标，这两部法令并没有特别的要求。也就是说，可以采取联合投标的方式。

除了适用于公共采购的 CPA 法令 87 和采购法规这两个法规外，还有 2008 年伊拉克石油部颁布的关于石油开发建设的临时法规，即石油开发建设临时法规第 27 条。

石油开发建设临时法规第 27 条适用于油田服务合同中的 Operators（指负责实施石油开发的责任人），其有如下规定：

（1）Operator 应该给予伊拉克国内公司提供的物质及服务适当的考虑，前提条件是，伊拉克当地提供的物质及服务满足质量、数量及安全要求，价格不能高于进口物质的 10%。

（2）物质和服务通过应当通过竞争性招标授标，对于主要合同，在程序上，下列招标原则应当得到遵守。

①招标邀请至少发给 3 家有能力提供物质或服务的投标者，应给予投标者合理的时间准备投标事宜，所有的被选择的投标者应收到相同的要求和规定。

②招标文件中的时间规定和物质提供要求不应该排除有竞争力的投标者参加投标。

③一份资格预审通过的投标人名单副本应当提交给伊拉克石油部或主管部门备案。

④评标时，重点应放在质量、价格、工期及工期的可靠性上。

⑤在合同授标前，伊拉克石油部或主管部门应当被告知 Operator 就选择中标人做出的正式建议。

（3）经与 Operator 讨论后，伊拉克石油部或主管部门发现招标程序没有遵守招标程序和规定，伊拉克石油部或主管部门可以指令 Operator 就选择中标人重新提交中标人建议。

石油开发建设临时法规第 27 条适用于所有的 Operator，没有私营部门或国有部门的区别。关于投标人采取什么形式投标的问题，也没有特殊的规定。

在伊拉克，在油田服务协议合同下的油田建设服务项目的实施，其法律要求可能因为实施主体的不同而不同，主体的不同是指，实施主体是伊拉克国营油田公司或私营国际油气公司或国外国家油气公司。如果是伊拉克国营油田公司，那么，适用 CPA 法令 87 和采购法规 Procurement Regulations 这两个法令；如果是私营国际油气公司或国外国家油气公司，这两个法令是否适用，没有明确的规定。然而，如果实施主体是 Operator，无论是 Operator 是私营领域，还是国营领域，石油开发建设临时法规第 27 条都适用。

在这些法规中，没有规定投标人必须以什么样的方式投标，因而，项目实施主体可以自由规定投标人的投标方式。如果招标文件没有做出另行规定及投标人没有被列入黑名单，那么，投标人以联合体的方式投标是没有任何问题的。

联合体有不同的模式，主要包括：在伊拉克成立一个联合投资公司；在伊拉克境外成立一个联合体公司；作为一个非法人联合体参与。

无论联合体采取什么方式，有一点很重要，那就是：合作双方应该明确联合体达到的目的；合作双方彼此有什么权利，彼此又有什么义务；联合体什么时候终止，如何终止。

（五）建设设备及材料的运输和筹备

1. 国际工程物资采购的类型

国际工程项目的物资采购按采购地、物资类型、合同类型的不同可分为不同的类型，具有不同的特点，因而也应该采用不同的管理方式和运作手段。

物资采购按采购地的不同可大致分为在中国境内采购、在第三国采购和在当地采购三种形式。

按物资类型的不同可大致分为成套或单机设备采购、材料物资采购（如金属材料、电线电缆等）以及建筑材料的采购（如水泥、砂石料、混凝土、沥青等）。

承包商应根据项目的不同特点和当地条件来选择适当的物资采购方式，不同的物资采用不同的方式。

点评：

在伊拉克承包工程时，特别需要注意合同中关于物资采购本地化成分的要求，即使伊当地的某些物资在质量和价格上都不具备优势，但是可能伊方会强制要求选择当地供应商。

2. 国际工程项目物资采购的管理流程

国际工程项目采购的管理流程主要包括以下六步：

（1）编制采购计划——决定需采购的产品名录和采购的时间计划；

（2）招标/邀标准备——编制采购产品要求，确认潜在供货商短名单；

（3）招标/议标——收集报价单、投标文件、建议书等报价商务及技术文件；

（4）选择确定供应商/分包商，签署合同文件；

（5）合同执行及管理；

（6）合同终结。

[案例5-9]

中石油在伊拉克与某国际石油公司开展油气项目合作。两家公司在伊拉克运行项目的采购管理实践，既有共同点，又各具特色。在采购组织架构上采用分类管理的方式配置采购岗位；分类管理供应商，实行严格的筛选评估制度；遵循公司全球管理手册，因地制宜制定招标管理程序；实行严格的合规管理，以规避投资风险；强调绩效管理，不断优化和调整采购管理。它们的采购管理经验对中国公司海外项目采购管理具有一定的借鉴意义。

（1）采购分类管理架构。采用分类管理的方式配置采购岗位，其目的是与项目各用户部门更为紧密地配合，提供及时的采购支持。例如与中石油合作的b公司在l项目的专业分类管理界面明确，采购部门分为4个专业采购小组。一是钻修井服务专业组，负责钻修井机及其相关测、录、试、固井等服务合同的招标及物资材料采购业务。二是地面工程组，负责新建扩建项目和油田现有设施升级改造服务合同的招标授标以及物资材料的采购。三是油田维护维修作业及环保安保专业组，负责该类业务合同招标授标及物资材料采购。四是非油田生产服务的采购业务支持组，负责信息技术（IT）部、财务部、人力资源部等所需服务合同招标授标及物资材料的采购。

(2) 分类管理供应商，实行严格的筛选评估制度。供应商是采购管理的源头，对供应商的管理决定了项目运行的质量和成功率。确保与供应商建立良好的关系，使供应商履约情况达到甚至超出公司的预期和目标。

依据供应商的重要程度和采购金额，可将供应商分为三种类型：战略型、核心层和交易型。战略型供应商是与公司长期合作且签订了全球战略合作协议的服务商，双方互相支持、互惠互利。核心层供应商是公司在项目运行期间挖掘的能提供可靠服务、性价比高的服务商，包括当地供应商，这些供应商在项目运行期间提供了大部分服务，确保项目的平稳运行。交易型供应商指虽然供货价值不大，但可为项目提供快速反应、供货范围较广的中间商，这些供应商为项目运作提供了有益的补充。

(3) 建立严格的供应商审核体系。为进入项目供应商名单，供应商需提交公司注册有效许可证、公司组织机构、近3年的合同业绩、财务状况、审计报告、HSE合格证书和公司HSE操作手册、国际标准（ISO）系列证书等资质资料。还需提交税务身份证、公司服务范围、公司注册资料、公司联系人及联系信息、公司在伊拉克境内及境外注册地址和工作地址、公司法人及关键岗位人员与境外其他公司的关系（是否有利益冲突）等。另外，还要通过反腐败和尽职调查（acdd）问卷对供应商进行调查，调查结果将作为评价供应商能否被接受或能否参加项目招标的依据之一。

(4) 制定公司全球管理手册，因地制宜制定招标管理程序。在作为朝着一流国际化企业发展的公司，制定统一的采购指导手册，对于公司总部的统一管理、审计都是很有价值的，可以由采购管理人员根据自己的经验、知识或者聘请外部专业公司，制定一套该项目的采购流程。另外，统一的采购指导手册对新项目具有很强的参考作用，采购管理团队只要结合所在国采购要求，便可较快地制定出符合公司指导原则的项目采购管理方案。若采购人员内部轮换到其他项目，仍遵循公司统一的采购标准，这便于公司进行标准化管理。

（5）与行业知名供应商签署全球战略合作协议。全球范围内有许多知名服务公司，这些公司拥有的技术、经验、人才有些是不可替代的。如果与这些公司签署战略合作伙伴协议，当项目运作期间需要某个服务商的服务或者设备供应时，只需按照全球战略协议直接签发订单或签订子协议即可，双方不必每次都把时间和精力用在合同主条款谈判和价格协商上。而且，服务商每年都会给战略合作伙伴型客户一定的折扣率。因此，与知名供应商签署全球协议，可以显著提升公司效率并节省成本。

（6）实行严格的合规管理，以规避投资风险。在采购管理中要始终强调合规。一方面，项目采购管理要遵循公司的合规政策，确保采购全程遵守所在国的法律法规。另一方面，确保成本可回收，要加强与合作伙伴沟通，确保采购招标过程符合程序规定和审计要求，规避投资风险。

点评：

合规管理主要立足于两点。一是制定完善的合规管理制度和要求，主要基于英美等国相关法律、伊拉克相关法律、伊政府要求，以及技术服务合同中的有关规定。二是对合规制度的执行情况进行严格监督，项目审计部门对采购过程进行审查，并出具不符合点报告，保证采购招标和合同执行过程全面合规。

合规要求的执行主要体现在三个方面：一是实行严格的尽职调查，确保与之合作的供应商和潜在供应商不在联合国以及资源国政府的制裁名单内，确保供应商或潜在供应商信息真实有效。二是按照英美反腐败法、出口控制管理规定，严格审查合作方或物资原产地。三是采购过程严格执行规定程序。

此外，合规管理不仅指流程合规，也包括对采购人员的合规要求。要强调采购人员的职业操守，对采购人员进行法律法规、雇员商业行为准则等培训，为项目采购人员行为合规建立有效的预防机制。

三、第三阶段：建设实施

（一）依法用工

在伊拉克境内的任何工作或工种，或是伊拉克境内的交通运输产业的招聘年龄不得低于 15 岁。对于年龄未满 18 岁的未成年人，不得雇佣其从事可能会导致职业病或其他疾病、劳动者中毒以及因其工作性质、工作特点、工作环境可能造成劳动者生命危险、影响其身体健康和道德健康的工作，且不允许其进入该工作的工作地点。具体事宜参照劳务和社会事务部发布的规章制度。雇佣一个或多个女性劳动者的雇主应在工作地点张贴关于保护女性工作者的规定，女性劳动者不得从事艰苦或危险工作。

雇主在对阿拉伯人进行职业培训时，在培训开始的 30 天之内，应上报巴格达培训局或是当地劳务和社会保障部门，有意愿工作且暂时没有工作机会的阿拉伯劳动者应在当地培训部门或是劳动和保障机构进行登记备案，除非法律另有规定，如出现违法关于培训外国工作者规定的行为，应判以多于一个月且不超过半年的监禁，并处以高于1000第纳尔少于10000第纳尔的罚款。

此外，雇主还应遵守以下规定：

（1）为劳动者创造劳动条件，为其提供工作必需品。

（2）根据劳动法规定，为劳动者支付工资。

（3）为劳动者创造良好的工作环境，为劳动者提供在工作中必要的防护措施。

（4）为劳动者提供学习机会、创造途径，发展其文化水平和职业技能。

（5）劳动者在用人单位开始工作时，要求劳动者提供相关的文件资料，并在劳动关系结束时退还给劳动者。如在劳动关系有效期间内，劳动者提出申请，要求退还此类文件，在不损害雇主利益的情况下，应予以退还。

（6）在劳动合同期满时为劳动者提供证书，证书应包含劳动者开始工作时间、合同到期时间、劳动者所从事工作类型等信息。劳动者可以要求在此类证书上添加任何信息，在此类信息符合事实的情况下，雇主应该满足劳动者的要求。

（7）雇主应为劳动者提供工作证明，前提是劳动者在雇主处完成所有应履行的义务；雇主在为劳动者提供上述证明后，禁止向劳动者收取任何费用，前提是雇主所收取的费用并不是因为证书本身的客观错误产生的。

（8）未经工会或联合政府同意，不得剥夺劳动者加入工会，履行工会义务的权利。

2013年起，伊拉克劳动部出具信函要求所有在伊拉克的外籍公司给员工办理工作许可，需要提交给劳动部的材料包括：每个员工的护照复印件，签证入境签、离境签、验血章复印件，每个员工的劳动合同及电子照片、公司出具的办理信函、员工信息表（包含劳动合同开始时间、入境时间及岗位信息等）。员工的工作许可仍然与签证有效期挂钩，按照伊拉克签证一年一签，实际一个签证可用时间不到一年，所有公司每年要为员工多次办理工作许可申请。

根据伊拉克社保局要求所有外国公司都必须获得社保缴纳证明，包括本地雇员和外籍雇员的社保缴纳。本地雇员每个人需要缴纳每月工资的15% ~20%（具体做法一般是从员工工资中扣除5%，公司给每个人再缴纳12%。石油行业要求缴纳每月工资的35%作为社保），如外籍员工没有在巴格达缴纳社保，则需递交在他国缴纳社保的证明信并得到官方认证。社保证明还含有本地化的要求，要求本地员工比例需要达到全体员工的50%。与主合同商合作的伊拉克政府公司规定只有社保局开具证明后，该承包商才可获得批准最后一笔付款 last payment 的许可信，否则一旦付出承包款项将不予计入回收费用。

点评：

伊拉克有关用工方面的某些规定会延缓承包商工作进度，增加承包商负担，例如需要招聘额外的伊拉克劳动力，甚至小型的服务项目或供货合同也必须承受办理社保的压力。又如外方可能通过控制签证、人员成本、人头数等制造各种麻烦，伊拉克签证有入境、离境两种，手续非常复杂，过程漫长，造成无数的麻烦，导致合同不能如期开工等，并用各种办法扩大本地员工招聘的规模，减少中国或他国来的技术人员和工匠。同样的技术工人例如泥水工，外国人的技能效率远超伊拉克当地工人，即便如此也不能破除伊拉克方面对劳工保护主义的限制。

（二）境外 QHSE 管理规范

海外工程的业主不同，对 QHSE 的管理要求就不同。现以中石油管道局与壳牌的合作为例，总结出壳牌的 QHSE 的管理要求。

[案例 5-10]

自 2012 年中石油管道局承建伊拉克马季努恩油田地面工程开始，2018 年 6 月底壳牌退出伊拉克马季努恩油田的运营。中石油管道局从最初的红色级别承包商，到 2016 年的琥珀色级别承包商，取得了显著进步，壳牌也不断地肯定管道局队伍取得的成绩。6 年间与壳牌合作的 HSSE 要求总结如下。

在壳牌的招标文件或合同文件中有专门的章节提出对承包商的健康、安全、安保、环保和社会绩效的要求。

（1）业主重视 HSSE 经理和项目医生的资格审查。HSSE 经理需至少有 NEBOSH 证书，还需通过业主面试。项目医生需有 ACLS 证书（Advanced Cardiovascular Life Support，高级心血管生命支持）。

（2）业主重视承包商营地建设，对营地设施提出了较细的要求，而且营地要经过业主检查验收后才能投入使用。建议把营地建设图纸、营房图纸等交由业主审查合格后再采购或建造，以免业主检查验收时发生大量整改。

（3）业主严格管理交通安全，并建立了一套管理体系，设立专门的道路安全部门。所有进入油田工作的车辆必须经过业主道路安全部门检查合格，贴上检查标签才能使用，而通过检查的前提是车辆安装行车监控系统（IVMS），以便纳入业主监控体系。所有司机必须经过业主指定的第三方进行防御性驾驶培训

(DDT)，防御性驾驶培训还分重型车辆、客车、小型车辆、夜间行车等几类。承包商需有出行经理管理车辆出行。业主通过定期进行7Pillar审核来监督承包商交通安全管理情况。

(4) 业主重视吊装工作，要求项目配备有LEEA证书的吊装工程师，并经过业主面试合格。吊装作业需严格遵守业主的吊装程序文件，吊装设备、吊具需有第三方检测证书，并定期复检；操作人员、起重人员均需有第三方培训证书，并定期复训。而且，业主建立了风速警报系统，一旦风速超过20Knots/h（相当于10.3米/秒）则停止一切吊装工作。

(5) 油田内所有工作由业主的工作许可管理系统控制，基本上所有工作都需要办理业主的工作许可。承包商需培训许可申请人和持有人，许可申请需经工作团队完成工作风险评估（JHA），编制JHA文件并在工作开始前全体班组成员签字确认控制措施到位。这样对现场施工风险实现了识别与管控。工作过程中，通过填写TRIC（风险识别卡）监控动态风险。日常吊装作业、营地预制工作、营地运行维护工作可以补充程序文件（SOP）管理，不必办理业主许可，但SOP文件需通过业主批准。

(6) 业主对高处作业管理严格。脚手架的搭设、改动、拆除都由有资质的专门队伍完成。我们如有需要就提出要求，但绝对不能自行改动。高处作业人员需经过专门培训，并穿戴、系挂好全身安全带，全身安全带需经过第三方检验。壳牌对高处作业的定义是高于1.8米即算高处作业，而不是中国的高于2米。

(7) 业主对受限空间管理严格。深度超过1.2米的沟、坑都算受限空间。进入受限空间作业需办理许可，进行气体检测，人员需经过受限空间培训，人员进出登记，还需有急救计划及措施。

(8) 业主对NDT工作、喷砂工作管理严格。NDT作业人员须配备放射量测定器Dosimeter、胶片式射线计量器Film Badge，工作时设置警示标识、安全边界，配备闪灯。喷砂人员需戴专用头盔，头盔经过空气过滤器连接到空压机上，提供空气。

(9) 业主也为承包商提供支持。比如：建立培训中心，为承包商人员提供基础的、关键的培训；开展现场安全标准化活动，培训承包商人员，为承包商提供培训内容、安全海报、活动奖品等；培训承包商当地施工、HSE和许可管理人员，通过系列培训活动提高当地人的HSE意识和能力；及时分享其事故学习材料，并开展活动组织现场学习。

在伊拉克工程建设中，保护生态环境是非常重要的一环。以中石油管道局的在伊拉克完工的哈法亚外输管道工程项目为例，说明在伊拉克施工过程中关于保护生态环境的合规要求。

[案例5-11]

作为伊拉克米桑省原油外输生命线，米桑原油外输管道所经地区生态地质环境复杂、环保要求高，全线272千米管道在两河流域敷设。管道所经之处，高风险雷区、沙漠管网、湿地沼泽纵横交错，仅穿越河流、水渠就达上百条之多。

如何将管道施工对生态环境的影响降到最低，成为米桑原油外输管道建设者要面对的严峻课题。

阿拉伯河穿越是全线重点控制性工程。穿越点位于底格里斯河和幼发拉底河交汇处，水面宽度130米，最深超过6米，主河道两旁分布着宽广的沼泽地，对当地的生态气候有着重要影响。

按照最初的设计方案，阿拉伯河穿越采取大开挖方式。施工作业前，管道局哈法亚项目部进行了详尽的安全作业风险评估，发现作业带附近有一条距离不到10米的伴行管道，河流跨度长、流量大，河底情况复杂，开挖难度非常大。大开挖穿越需要对河流进行截流，对河流生态影响较大。经过多次现场调研及综合对比分析，哈法亚项目部最终决定采用定向钻穿越施工方案。

随着水平定向钻穿越主管顺利回拖，哈法亚原油外输管道阿拉伯河穿越工程完成，为打造中东绿色工程写下浓墨重彩的一笔。全线5条大中型河流水平定向钻穿越全部告捷，避免了因开挖河流对环境造成的影响。

施工河段全部完成回填，恢复了河床原貌。施工人员还将专门购置的上万尾鱼苗投放到阿拉伯河支流。施工后，地貌环境与施工前一样，甚至锦上添花，保障并尽可能改善当地生态环境。

建设绿色精品工程这一环保理念，贯穿米桑原油外输管道建设始终。管道施工现场，泥浆处理是环保工作的重中之重。工程全部选用环保泥浆材料，将钻孔泥浆通过回收系统进行泥水分离，分离水循环利用，渣泥固化后统一处理；废泥浆100%清理干净后，再进行回填作业。管道泥浆重复利用率达80%以上。

为避免施工对附近村庄造成干扰，所有现场施工设备均为低噪声设备。小到废弃的饮水瓶，大到施工作业产生的工业垃圾，均由专人回收、统一处理。中方员工还向伊拉克当地雇员示范垃圾回收和收集方式，提高了他们对环境保护的认识。施工过程中，建设者们帮助管道沿线百姓架小桥、建水渠、筑堤坝，受到当地百姓的赞扬。哈法亚原油外输管道施工作业过程良好的HSSE表现，赢得了多方肯定。

点评：

中资企业应当十分重视环保工作，积极收集、整理并了解伊拉克环保方面的法律法规，并予以严格遵守，争做环保先锋。

中资企业应建立一套较完备的环境管理体系，包括开工之前的环境评估报告、施工过程中的环境管理计划以及完工之后的环境恢复报告。该体系可以提高企业的自律机制，确保企业各项活动符合环境管理规范的要求，最大限度地减少对环境的冲击，降低了企业经营风险。

重视对员工进行环保培训，提高员工的环保意识，将保护当地环境成为每个员工的自觉行为。所有员工都必须经过相应的环保培训，合格后方可上岗。企业通过培训、会议和宣传等手段将企业的环保政策从上到下传达到每一位员工，要求员工把伊拉克当作第二故乡进行保护。

四、第四阶段：竣工验收

（一）竣工验收条件

业主方在收到施工单位提交的工程竣工报告，并具备以下条件后，方可组织勘察、设计、施工、监理等单位有关人员进行竣工验收：

（1）完成了工程设计和合同约定的各项内容。

（2）施工单位对竣工工程质量进行了检查，确认工程质量符合境外有关法律、法规和工程建设强制性标准，符合设计文件及合同要求，并提出工程竣工报告。该报告应经总监理工程师（针对委托监理的项目）、项目经理和施工单位有关负责人审核签字。

（3）有完整的技术档案和施工管理资料。

（4）有工程使用的主要建筑材料、建筑构配件和设备的进场试验报告。

(5) 建设行政主管部门及委托的工程质量监督机构等有关部门责令整改的问题全部整改完毕。

(6) 对于委托监理的工程项目，具有完整的监理资料，监理单位提出工程质量评估报告，该报告应经总监理工程师和监理单位有关负责人审核签字。未委托监理的工程项目，工程质量评估报告由建设单位完成。

(7) 勘察、设计单位对勘察、设计文件及施工过程中由设计单位签署的设计变更通知书进行检查，并提出质量检查报告。该报告应经该项目勘察、设计负责人和各自单位有关负责人审核签字。

(8) 有规划、消防、环保等部门出具的验收认可文件。

(9) 有建设单位与施工单位签署的工程质量保修书。

(10) 单位工程观感质量符合要求。

(11) 各专项验收及有关专业系统验收全部通过。

(二) 竣工验收手续

工程移交与验收，根据 FIDIC 土木工程施工合同的通用条件，移交验收及其他有关的工作如下：

(1) 应有工程项目移交验收计划。承包方向工程师提供一份工程项目移交验收的详细计划，并报送业主。其中应包括：通知竣工并申请对方进行检查和参加竣工试验的时间表、微小缺陷的修补和再检查的时间安排、竣工资料的移交及性能试验的准备工作（或试生产计划）等。

(2) 双方对上述计划讨论一致后各自进行准备工作。如果性能试验涉及费用，通常在合同中应有规定，如合同未作明确规定，则应由双方商定分摊办法。

（3）拟定各种试验结果的登记表。对于建筑物，可按分部、分项列出，注明检查试验结果（合格、不合格或基本合格等）、存在问题和处理意见、检查试验人员签字及日期等。工业装置和设备的检查试验表较复杂，应分别按其技术性能说明书拟定，主要包括外观检查、空载单机试验、联动试验等。至于启动和试生产及性能试验，因需投入原料且试验时间较长，按编制试验和验收报告。

（4）移交证书。当整个工程基本完成，并满意地通过了合同指定的各完工试验，承包人可以将此情况连同大缺陷责任期（即维修期）的要求以应有的速度完成扫尾工作的书面保证函一并通知工程师，并抄送给业主。此通知发出后的 21 天内，工程师给承包人颁发移交证书，证书上说明工程师认为已按合同要求完成工程的日期，并抄送业主。

（5）作为移交证书的附件应有一份业主、工程师和承包人三方签署的验收报告，它应对工程项目作出公正评价，并明确在某一规定日期（合同竣工日期）已验收该工程项目，列出检查试验期间发现的某些缺陷纠正期限，作为维修期（缺陷责任期）内的任务来解决。验收之日即修期起始之日。

（6）保留金的支付。在发出整个工程的移交证书时，应退还所扣保留金的一半给承包人（此前在发出分部工程或永久工程的一部分的移交证书时，应将该部分工程所占比例的保留金的一半发还给承包人）；保留金的另一半在缺陷责任期满时支付，且不以工程师是否签发一份解除缺陷责任的证书为先决条件。

（7）要求业主退还履约保函，并向开具该保函的银行注销。

[案例 5-12]

工程完成后的验收回款在伊拉克承包项目时是一个相对麻烦的问题。以下例举一些实际发生的案例，这些案例具有普遍性，代表了很多公司遇到的难题。例如：

(1) 在付款阶段，财务部门需要伊方的签字版支持性文件。伊方经常提出合同条款的不合理性，并推脱说他们没参与合同谈判，拒绝在完工报告等付款支持材料上签字，或提出增加额外的工作量，对承包商工作遇到的客观难题不支持、不理解。

(2) 由于项目受多重困难影响（如人员签证、设备清关、调试接收等）不能按期完成，遭到伊方对项目拖延的惩罚性罚款，通常国内的罚款规定为合同总金额的10%以内，而伊拉克方面根据最新提出的罚款范围为（10%～25%）×合同金额，在大多数情况下不接受合理的延期解释。由此对承包商带来很大的收益回报风险，延期罚款条款严厉程度取决于设定比例及工期，工期越短越严厉。

(3) 无论主合同商还是承包商都可能面对伊当地居民的不合理控告，例如环境影响、空气影响、动物死亡、古迹破坏等，成为纠纷处理中硬骨头，有时甚至需面临当地法院起诉和偿还赔款等，大多需要长时间来解决。

点评：

验收阶段，中国企业常常要注意下列情况发生：

(1) 项目合同期限不足如少于合同期三个月，承包商员工就不能申请伊拉克签证（伊拉克签证有效期一年或半年，按照合同剩下的时间决定），一年的质保期如果不在合同期内，对承包商是不可估量的损失。所有办理延期和签证都没有合同支持，无法办理相关手续。合同期限一到设备和人员都要缴纳滞纳罚款，合同无法延期也经常造成潜在的HSE、安全等风险。按照伊拉克规定一旦合同到期将无法再办理延期，由此产生巨大罚款和风险。

（2）在油价下跌的情况下，伊拉克方根据政府文件，要求在执行的服务和供货合同下降价25%，对于已经签订合同的承包商而言是极为不公正的霸王条款，伊拉克某些权力阶层借此暗箱操作，中饱私囊。以不签字不付款作要挟，内中暗暗要求回扣利益好处，对项目合同已经滞后的承包商来说是雪上加霜。

五、第五阶段：投产运营

项目投产运营后，为保证业主的投资尽快产生效益，承包商应在竣工验收完成后及时撤场，恢复占用业主的场地，继续积极配合业主方工作，确保工程竣工后的使用正常运转。按照与业主的合同约定，在保修期内需留置必需的维修人员、机具和材料等，保证保修工作及时有效地组织和开展，同时为了更好地服务于业主，充分体现承包商对业主负责的精神，应制定合理有效的回访及保修制度，做实、做细项目的后续服务工作。

（一）工程保修

1. 责任期（即维修期）保修工作

（1）在整个工程的移交证书发出后的84天之内，承包人应交给工程师一份完工结算单，并附有详细的支持文件，指明：①到移交证书上所述日期止，按照合同完成的所有工程的最终金额；②承包人认为应支付给他的其他款项（包括索赔款）；③承包人认为按照合同将成为应支付给他的款项的估算金额。工程师审查后应批准这份完工结算单并支付。

（2）组织安排维修期的工作。根据工程性质、规模、工程质量和缺陷情况，可以采取短小精干的维修组或委托当地分包商承担维修工作。

（3）安排临时进口的施工设备出境或转移到别的项目上去，索回临时进口施工设备的银行保函。

2. **工程保修组织实施的方式**

在承包不同的工程项目时，采用以下的保养期内的组织方式实施运行。

（1）质保小组。

一般对于较大规模的工程，可能的维修工作较多，可以在项目管理班子转移或解散后，留下少量管理人员及工人组成独立的维修小组，跟进质保事宜。

（2）由原项目管理班子继续跟进。

保持原来的责任主体，优点是跟进人员对工程比较清楚，易分清责任，另外便于激励项目团队重视管理，增强责任心，保证工程质量，不留隐患，树立向用户提供优质工程的良好作风。

缺点是项目管理班子成员同时为新、旧两个项目工作，工作效率受影响。

（3）由国家公司成立专门的质保组。

如果公司在伊拉克地区有项目群陆续进入维修期，国家公司应该统筹管理，直接领导质保组，独立于各个项目管理班子之外。一般直聘一些多面手工人，从事细小的维修工作。

在实践中发现这种做法的优点是公司统一管理各个工地的维修工

作，便于了解多发缺陷的构成、原因，可以从整体层次总结经验；对资源进行集中管理，避免重复投入，可以减少资源浪费。

这种做法的缺点是维修保养组与项目管理班子的交接过程的疏漏，导致维修组在判断质量缺陷责任时未必清楚，需要花费时间咨询和查阅，在工程较少的地区不适用。

（4）分包方式。

为了节约成本，个别公司采用分包方式，将维修责任和工作以单价或总包价的合同方式外包出去。由于质量缺陷比较隐蔽，许多是不可预见的，并且质量成因比较复杂，责任划分有争议，采用分包方式比较困难，实施过程中会有许多争执。对于缺陷维修责任，承包商也很难免费。因此，中国公司大多不采用这种方法。

（二）最终验收证书及合同义务的终止

（1）解除缺陷责任证书。缺陷责任期满之前，承包人应致函业主工程师，说明在移交证书中所列的缺陷及未完工作，在限定的时间内已经纠正和完成，请求工程师颁发解除缺陷责任证书。工程师经检查认为满意，应在缺陷期满后 28 天之内，签发一份解除缺陷责任证书送给业主并抄给承包人，此时方可认为合同已经完工。

（2）发出解除缺陷责任证书之后的 14 天之内，要将维修保函（或履约保函）退给承包人。

（3）发出解除缺陷责任证书之后的 56 天之内，承包人要交给工程师一份最终结算单草稿，详细列出按照合同所做的全部工程金额，及承包人认为按合同规定应再支付给他的款项。

（4）在递交最终结算单时，承包人应送交业主并抄给工程师一份书面的解除义务文件，确认最终结算验收证书给业主并抄给承包人，要说明：工程师认为最终结算单的金额是根据应支付的金额而定，如果与业主以前支付过的金额相比有差额的话，则应明确业主负责支付。

（三）项目后总结

项目后总结是指对已完成的项目执行过程、效益、作用和影响进行系统的、客观的分析和总结。

1. 项目后总结的内容

项目后总结实际上是对项目管理计划和应变计划或措施是否有效的一次回顾，因此项目总结和项目管理计划在内容上是对应的，目的在于今后的改进。其最基本的内容如下：

（1）工程概况；

（2）不同阶段的施工平面布置图：原图与更改，更改的原因分析；

（3）进度计划、材料计划、报批计划、加工图计划、主要方案计划；

（4）通过实施过程，产品质量管理实际情况，检查、判断质量管理计划是否有效及实施；

（5）对比安全、环保、保安计划与实际管理进程与效果；

（6）主要施工方案的实施结果是否达到目的与要求；

（7）对比成本计划与实际收支情况，分析差异原因，总结经验教训；

（8）总结新技术、新工艺、新材料的应用效果；

（9）人力资源管理得失；

（10）总结分包商的表现；

（11）综合总结平衡管理的得失，与实际进度比较的差异及原因分析。

2. 项目后总结的程序

资料收集、统计、对比是进行项目后总结的主要方法。其程序如下：

（1）确定需要总结的内容；

（2）确定内容的主要指标；

（3）确定总结的方法；

（4）确定总结的进度与分工；

（5）按照分工，收集总结资料；

（6）分析资料、总结、对比、建议，形成项目后评价结果。

3. 项目后总结作用

项目后总结对提高建设项目决策科学水平、改进项目管理和提高投资效益等方面发挥着极其重要的作用，为后期项目积累宝贵经验，主要表现在以下几个方面：

（1）总结项目管理的经验教训，提高项目管理水平；

（2）提高项目决策科学化水平；

（3）对企业经营管理进行诊断，促使项目运营状态的正常化，提高项目的经济效益和社会效益。

六、在伊拉克开展工程的其他注意事项

（一）尊重当地风俗习惯

中资企业和人员要尊重当地宗教信仰，要教育员工时刻注意尊重穆斯林的文化和习俗，在公众场合不要谈论宗教问题，不与当地员工讨论宗教话题，避免发生争执。在工作和生活中为当地员工提供方便。遇到节假日，要主动表示祝贺。要教育中国员工特别注意在公共场合的文明举止，不大声喧哗，着装干净整洁，树立中资企业的良好形象。

（二）承担必要的社会责任

中资企业在伊拉克开展投资合作，不仅要努力发展业务，还要承担必要的社会责任。

（1）关注热点。要关注业务发展带来的资源、环境、劳工、安全以及社会治理等问题，以免引起当地居民的反感和抵制。其中，劳工问题不仅涉及工薪待遇问题，还包括工作环境、加班时限等；环境问题包括工业生产造成的环境问题，也包括开发资源引起的生态问题。

（2）远离贿赂。中资企业在伊拉克开展投资合作，一定要远离腐败和商业贿赂。腐败和商业贿赂不仅会受到法律制裁，而且将严重影响企业的信誉和公众形象。

（3）安全生产要增强安全生产意识。强化基础管理，尤其是在建筑、危险化学品等高危行业的中资企业，一定要做好防范，避免安全生产事故发生。

（4）社会公德。中资企业和工作人员，要知法守法、入乡随俗，不做违反当地法律和社会公德的事情，对民族形象、企业声誉与品牌建设负责，对中伊两国的长期友好关系负责。

（三）懂得与媒体打交道

媒体在现代生活中是一种独特的公共资源，有着巨大的社会影响力：媒体不仅广泛传播知识和信息，具有教育功能，而且媒体舆论还成为公众对现实做出反应和抉择的主要依据，影响公共决策，发挥正、负两个方面的作用。中资企业在伊拉克应该学会如何与媒体打交道。

（1）信息披露。企业应该建立正常的信息披露制度，可设新闻发言人，定期向媒体发布相关信息。

（2）重视宣传。企业在遇到重大事件和涉及社会敏感问题时，特别是遭遇不公正的舆论压力时，应注重宣传引导，做好预案，通过媒体与大众交流。必要时可通过公关咨询公司向媒体散发主导性消息，引导当地媒体进行对本企业有利的宣传。

（3）向媒体开放。中资企业可定期向媒体开放，欢迎媒体到企业参观采访，了解企业的真实发展情况。

（4）尊重信任。为提高中资企业的公众形象，企业要平等、尊重地面对媒体，与媒体形成良性互动的和谐关系。

（四）学会与执法人员打交道

警察、工商、税务、海关、劳动及其他执法部门是维护伊拉克社会秩序的国家行政力量。对辖区内居民和外国人查验身份证件、询问相关事项以及搜查某些地点，是伊拉克执法者的职责，中资企业相关人员要学会与这些执法者打交道，积极配合他们执行公务。在严格要求凭身份证、工作卡、上岗证等上班的石油、炼油和电厂等工地，严禁工人使用他人证件上岗，违者将受到严厉制裁，甚至遭到起诉。

（1）普法教育。中资企业要建立健全依法经营的管理制度，聘请律师对员工进行普法教育，让员工了解在伊拉克工作生活必备的法律常识和应对措施，做到知法守法，合理应对。

（2）携带证件。中方人员出门要随身携带身份证件或者护照。营业执照、纳税清单等重要文件资料要妥善保管。

（3）配合查验。遇有执法人员检查身份证件，中方人员要礼貌地出示自己的证件，回答警察的问题；如果没有携带证件也不要惧怕，不要躲避，更不要逃跑，而要说明身份，或者写出联系电话，与公司联络。

（4）合理要求。遇到执法人员搜查公司或住所，应要求其出示证件和搜查证明，并要求与中资企业律师取得联系，同时报告中国驻伊拉克使馆；遇有证件或财物被执法人员没收的情况发生，应要求执法人员保护中方企业的商业秘密；出具没收证件或财物的清单作为证据，并记下执法人员的警号和车号；交罚款时需向警察索要罚款单据。

（5）理性应对。遇有执法人员对中资企业人员或企业不公正待遇，不要与执法者发生正面冲突，更不能触犯法律，而要理性应对，做到有理、有利、有节，可通过律师进行处理，捍卫自己的合法权益。

（五）密切与当地居民的关系

伊拉克有 300 余部落，各部落在当地影响力很大，部落间冲突很可能危及我企业正常经营和员工安全。建议有关企业积极参与当地的社会活动，与当地部落、社区建立友善关系，营造良好的经营环境。

Chapter 6

第六章

伊拉克投资风险和机会分析

一、伊拉克整体营商环境

伊拉克在“伊斯兰国”被剿灭之后安全环境所改善，但风险仍不容忽视，加之税负水平有所高，营商环境改善有限。根据世界银行2020年营商环境指数，伊拉克的商业环境排名为172位，与2019年持平，见表6-1。

表6-1 伊拉克2020年营商环境指数

课题	2020排名	2020营商环境便利度分数	2019营商环境便利度分数	营商环境便利度分数变化（百分点）
总体	172	44.7	44.7	—
开办企业	154	77.3	76.5	0.8
办理施工许可证	103	67.7	67.6	0.1
获得电力	131	61.9	61.7	0.2
登记财产	121	57.3	57.7	0.4
获得信贷	186	0	0	—
保护少数投资者	111	46	46	—
纳税	131	63.5	63.5	—
跨境贸易	181	25.3	25.3	—
执行合同	147	48	48	—
办理破产	168	0	0	—

资料来源：世界银行。

（一）投资便利性

伊拉克政府通过吸引国际石油公司投资来加大国内油田开发。2006 年通过的投资法为外国投资制造了非常友好的经营环境，对外国投资实行国民待遇。然而制约外国资资本进入的因素仍然存在，包括政府腐败、社会安全威胁等。“伊斯兰国”被剿灭之后，其成员依旧散落在伊拉克北部和中部地区，并且袭击能源基础设施的趋势有所增加。在伊拉克政府不断争取国际援助的努力下，2017 年伊拉克 FDI（国际直接投资）流量规模为 19 亿美元（见图 6-1）。2018 年 2 月，在科威特、伊拉克、联合国、欧盟和世界银行五方共同主持下，伊拉克重建会议再次募集了约 300 亿美元的援助。

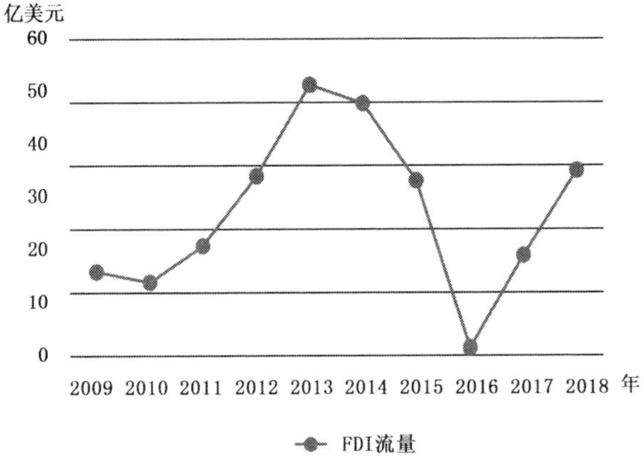

图 6-1　伊拉克 2009—2018 年 FDI 数据

数据来源：中国信保国家风险数据库。

（二）营商成本

1. 税负有所加重

为促进财政收入增长，伊拉克政府在 2018 年预算框架里加征 14

项新税。包括针对所有消费品金额的5%的销售税。自2017年4月1日起，伊拉克还对所有进口商品加收5%的关税，但免除对食品、药品、医疗设备、书本和其他人道主义物品的关税。目前在伊拉克没有增值税。

自2004年起，伊拉克即对外国公司和国内公司均征收15%的所得税，但对油气行业的税率为35%。酒店行业仅征收10%的销售税。根据国际货币基金组织施加的税收结构化改革的压力，伊拉克在2017年对税收体系改革动作较大。总体目标是降低财政对油气行业的过度依赖、降低对国有银行为公共项目融资的依赖、扩大税基、提高征税能力。然而，一些新做法的效果尚待验证。2018年1月1日生效的新关税条例，将原有的5%无差别税率替换为针对21种大类分别设置0.5%、10%、15%、30%差别征税。根据世界银行2020年营商环境指数，伊拉克在缴纳税款这一分项指标中排名131位，排位靠后。

2. **劳动力市场不稳定**

雇员示威游行是伊拉克在过去几年面临的严峻问题。由于政府欠发工资，这一情况在库尔德地区尤其严重。北部地区的示威游行也经常波及南部，影响油气生产。由于目前失业率高企，民众对未来的就业环境预期不满，罢工的风险还将进一步存在，进而影响油气田的生产和政府的正常运行。

（三）主要行业投资环境

油田开发吸引国际巨头。伊拉克石油储量巨大，即便是以中东的石油产量标准来对比也颇具优势。但长期以来，伊拉克被政治不稳定、军事冲突频繁、教派纷争和极端主义等因素制约。在萨达姆政权倒台后的十几年中，伊拉克吸引了大量的国际石油公司投资开发境内的油田，包括壳牌、埃克森美孚、英国石油、中石油、中石化、中海油等知名企业。目前国际合作性的开发模式已经趋于成熟。

境内油田产量不断提升。得益于国际石油公司的帮助，伊拉克的石油产量在石油输出国组织中增长最快。即使是2020年受“OPEC+减产协议”限制，2019—2020年各月平均水平实际出口石油还近1万桶。

点评：

长期以来，油服行业，尤其是中东地区，长期被跨国公司占据，它们大都掌握着工程技术行业的高端技术以及先进装备，能够为油公司提供“一揽子”综合服务，像斯伦贝谢与哈里伯顿能够提供从物探到钻完井，测录测与生产建设全套服务，其业务链条不但完整，而且高度适应石油公司的需要。这些油服巨头能够“欺行霸市”不仅是提供传统的工程技术服务，它们的油藏开发方案设计业务竟然与钻完井、测录试等传统油田服务业务的比例相差无几。此外，这些油服公司在油田智能化、数字化方面都有独特技术，而中石油的工程技术服务企业在这方面几乎是空白。

国际巨头不但掌握着行业高端技术，同时也是行业标准的制定者，也是就游戏规则的制定者。当前的石油行业，资源国政府以及业主在关注作业的同时，对操作程序以及环境保护的关注也在不断增强，逐渐形成了一套严密的HSE管理体系。国际知名油企包括油服公司无不是严格执行HSE理念的典范，有些油服企业甚至自己的标准要高于行业惯例，有些企业自身的一些标准也演变成了整个行业的标准。可以说，HSE理念在知名油企受到了首要的重视，可以指导每一名员工的行为，这也是特别重视培训的结果。这些做法很值得我们借鉴。

除了技术装备这些硬件条件，国际巨头的管理水平、商务运作等软实力也很强。国际项目作业地点的自然环境、经济发展水平、政治法律情况、治安等情况千差万别。战后的伊拉克可谓满目疮痍，油田设施、道路桥梁包括主要城市均被不同程度破坏。美国主导下成立的联合政府代表逊尼派、什叶派和库尔德人三方利益，这也成为伊拉克后来的发展出现各种问题的诱因，时至今日，教派冲突也是伊拉克的主要矛盾，甚至自杀性爆炸事件与汽车炸弹的报道不绝于耳，石油法草案也迟迟无法通过。在这种情况下，我们看到油服巨头们通过合理的商务模式保证了其项目的顺利运行，它们普遍自身有深厚的商务法律底蕴，深谙国际惯例，对国际贸易的基本规则与各地特色有精准的把握，同时注重与项目所在地利害关系人的平衡，能够妥善恰当管理当地员工与处理地企关系方面。

二、伊拉克投资风险分析

作为“一带一路”倡议的油气合作重点国家，伊拉克是中国企业开展全方位国际合作的重要伙伴，也是检验中国企业国际化经营风险管控能力的关键市场。

油气开发领域依然持续吸引着国际石油公司资本进入，成为国民经济不多的亮点。根据 2018 年国家风险评级和主权信用风险评级，伊拉克的国家风险评级为 7 级（7/9），国家风险水平较高，未来风险展望为稳定；主权信用风险评级为 BB 级，主权信用风险水平中等，未来风险展望为稳定。伊拉克主要风险概览如表 6-2。

表 6-2　伊拉克面临的主要风险

风险类别	风险描述
宏观经济环境	持续低油价、政治和安全风险的存在以及非石油部门的不力表现使得伊拉克的经济增长局面不佳，安全局势和低油价为财政赤字带来压力。
政治环境	恐怖袭击和政治分裂使得伊拉克的政治风险极为严重，宗教、种族、地区分裂的风险存在，政治不稳定成为掣肘伊拉克经济恢复的重要问题。
法律与监管	司法体系面临诸多问题，包括政治争斗延缓法律的通过，司法公正性经常受到质疑。
政府效率	行政能力低下、官僚主义严重和腐败猖獗导致行政效率低下。
金融及国际贸易与支付	伊拉克国内融资环境欠佳，经常账户逆差扩大给其外部融资带来压力。
安全	战争与武装冲突导致社会安全问题仍十分突出。
税收政策	税负较重，未来为削减财政赤字，政府有增加税收的可能。
基础设施	连年战乱和经济制裁使得伊拉克基础设施情况不佳。
劳动力市场	劳动力结构年轻化，战乱和安全风险导致高素质劳动力逃离，另外高失业现象严重。
社会文化风险	教派纷争、宗教对立情绪严重。

从中短期来看，伊拉克的风险总体较高，反映在石油市场和油价的不确定性较强、财政和监管限制、政局不稳和严重的社会安全方面的挑战。

以下从政治风险、宏观经济风险、税务风险、法律与监管风险、经营风险、安全风险、国际局势风险、合规运营风险等方面对伊拉克投资风险进行分析。

（一）政治风险

政治风险主要指项目所在国政局动荡、战争、汇兑限制和政府违约。对于该类风险一般的防范措施为：特许权协议必须得到东道国政府的正式批准，并对项目付款义务提供担保。向国家出口信用保险公司投保政治保险等。

1. 政治稳定性风险

2003 年，美国为伊拉克设计了全新的议会制政治体系和选举规则，换取各派力量参与，总理为什叶派，议长为逊尼派，总统为库尔德人，维持三大政治力量“形式上的平等”。然而，这样的政治体系强调差异化，不仅没有解决固有的问题，反而导致宗教民族问题成为政治动员的工具和政治交易的筹码，宗教民族对立情绪被不断激化，使“政治碎片化”问题加剧，伊拉克政治局势持续动荡。

2014 年 6 月至 2017 年 12 月，恐怖极端组织“伊斯兰国”在伊拉克境内肆虐，一度占据西部和北部大部分地区，数次威胁首都巴格达和库尔德地区核心城市埃尔比勒。在三年多的反恐战争中，在国际力量的支持下，伊拉克政府军和各类民兵组织抗击恐怖势力，虽然最终收复全部领土，但是中央政府损失惨重，各类政治势力和民兵武装迅速壮大。

反恐战争胜利后几年间，伊拉克先后经历了多达 5 位以上总理任职，国内上百余个政党和政治实体难以达成一致，导致中央政府无法确保政策连续性，无法实现有效管理。

2. 政策执行效率风险

伊拉克国内政治不稳定导致中央政府缺乏政策执行能力。一是政治精英各自为战造成总理连续更迭，各个政治派别要求提前举行议会选举的呼声很高。如果重新选举，那么中央政府又将在漫长的政治谈判中陷入半停滞状态。二是中央政府为确保预算获得议会批准，被迫用大量财政支出满足各个党派的利益，雇佣700多万各类工作人员，用于基础设施投资的资金有限。近年来，伊拉克投资类预算执行率仅为40%～60%，重大项目迟迟不决，严重制约了国家重建和经济发展。2020年，伊拉克财政预算以每桶56美元的原油销售价格为基础，要支出1350亿美元，赤字400亿美元。在油价暴跌的情况下，此预算难以为继。三是频繁的政治更迭严重影响石油工业相关机构人员稳定，2018年3月经议会批准成立的伊拉克国家石油公司因政府改组被推迟；持续的政治波动导致大批资深石油部官员退休，2019年10月南部地区的巴士拉石油公司总裁被撤职；2020年2月，时任总理阿拉维计划提名长期在英国工作的能源咨询专家沙拉比出任石油部长未获成功，新任总理祖尔菲计划提名其他人选。未来伊拉克石油部和国家石油公司可能面临大面积人事更迭。

3. **各省本地干预风险**

在中央政府经历持续改组、越来越难以保证政策连续性的情况下，伊拉克国内中央与地方的关系正在经历新一轮调整，地方各省开始谋求更大的自主决定权限，特别是关于石油财富分配的权力。特别是对“伊斯兰国”的军事行动结束后，伊拉克联邦政府与军事行动中表现出色的什叶派民兵以及库尔德地区军事势力之间的冲突开始显现。

伊拉克国内地区割裂与“政治碎片化”问题给中国石油企业带来的另一个潜在挑战是油田所在的各省政府希望加强对油气开发的控制和干预，迫使石油公司承担中央政府和地方政府的双重行政负担，并增加更多本地化内容，例如提高当地人比例、服务当地化等。这将使投资于伊拉克的国际能源公司不仅需要应对中央政府，还需要花费更多精力与越来越强势的地方省政府——这些省政府往往缺乏油气开发专门知识，但更重视社区劳工等本地问题——打交道，大幅增加非生产性成本，影响开发效率。

点评：

库尔德地区政府控制着伊拉克东北部，主要包括达胡克、埃尔比勒和苏莱曼尼亚三个省及部分争议地区。库区政府从对自身有利的角度解释伊拉克宪法，认为有权处置区内油气田。相对于中央政府较为苛刻的技术服务合同，库尔德地区政府采取产品分成合同吸引外国公司，自建管道从土耳其杰伊汉港出口原油，每年与中央政府协商原油收入分配比例。巴士拉等南方产油省，不满中央政府将大量石油出口收入用于军费和北部地区战后重建，提出调整石油财富分配比例，将更多收入用于本地建设，解决日益严峻的失业问题。

4. 地缘政治风险

位于中东地区核心地带的伊拉克，石油储量巨大，水资源丰富，是连接周围山区、沙漠和波斯湾海路的交通枢纽。2003 年萨达姆政权被推翻后，美国、伊朗、沙特阿拉伯、土耳其等外部力量纷纷试图主导伊拉克战后重建。2017 年底“伊斯兰国”的威胁被消除后，外部力量在伊拉克从合作转向竞争，将伊拉克变成地区竞争的主要舞台。美国和伊朗围绕着西方国家从伊拉克撤军问题展开明争暗斗，沙特阿拉伯、伊朗、土耳其等地区大国争相对伊拉克施加政治、经济、军事影响。伊拉克被夹在外部力量之间，承受着地缘政治力量再平衡过程中的各种压力和负面影响。近期，伊拉克最大的地缘政治风险源于美国和伊朗围绕美国撤军问题展开的博弈。在 2020 年时，从伊拉克进行了大规模的撤军，到了2021年1月中间时，驻伊拉克的兵力已经下降到2500人以下，还要继续撤军。以美国为首的外国军队撤离是伊拉克实现国家正常化的重要一步，有利于伊拉克长期发展，但是会增加短期风险。美国军事威慑减弱之后，恐怖极端组织可能卷土重来，民兵武装可能加剧权力争夺，伊朗则可能为加快美国撤军而采取进一步行动。美国和伊朗博弈会直接影响国际石油公司，特别是埃克森美孚等美国企业的生产经营，可能导致资本外流，使伊拉克的营商环境进一步恶化，进而影响国际石油公司与中国企业的合作。

5. **政府腐败风险**

萨达姆政权推翻十几年了，“伊斯兰国”政权也被推翻了，但是当地人民仍然生活在贫困中，其中一个重要原因是贪腐成风。

伊拉克属于世界上腐败程度最严重的国家之一，同时，伊拉克政府反腐败能力低下，连年在“透明国际”的排名中得低分，属于最末端的行列。

伊拉克政府的腐败对中资企业的投资产生了严重的负面影响，不仅直接影响企业的正常运转，而且还给企业的发展带来不可预知的风险。

[**案例6-1**]

2014年1月，媒体曾揭露一家与中石油有关联的企业涉嫌贪腐与招标文件造假，因而遭到伊拉克国有石油公司内部人员的调查，并被暂停其在伊拉克的全部工程。除中央政府外，库尔德自治政府同样如此，库尔德自治区的石油管理部门充斥着腐败与裙带关系。

点评：

中国企业在伊拉克承包工程在许可手续、劳工手续、合同监管、税收、征地配合及其他相关事项的办理过程中都可能遇到“吃拿卡要”、办事拖沓、程序不明的问题。

6. **征收风险**

伊拉克经济依然严重依赖石油工业，国内的大型油田开发广泛存在外国石油公司的参与。外国石油公司的资金和技术对提升伊拉克老旧油田的日产量发挥重要的作用。伊拉克现行宪法更是几乎禁止了政府对外国资本的征收。因此，无论是从伊拉克现行宪法规定出发，还是从伊拉克自身利益来看，政府都需要保证外国石油公司在伊拉克的权益。国有化和征收的可能性很小。

7. **社区冲突风险**

社区劳工问题是中国企业在世界各地投资经营都会遇到的难题，在伊拉克，由于当地特殊的历史传统和政治现实，这一问题在油气行业显得尤为突出。

尽管伊拉克中央政府和各省政府都试图从法律框架和行政审批方面加强对油气行业的干预，但是由于伊拉克始终未能建立有效的国家权力链条和社会管理机制，世袭制家族部落政治始终在地方事务中占据主导地位，因此，从中央政府拿到合同的外国企业需要与各地区部落酋长协调解决具体问题。一方面石油公司提供的收入让邻近部落产生了纠纷，另一方面外国力量的突然出现让闭塞的居民经历了非常严重的观念冲击。许多农民抱怨石油开发用水导致农业用水不足，粮食减产；另一部分居民强烈抗议中央政府迫使他们将土地卖给石油公司；而更多的居民对石油开发并没有带来更多的就业岗位表示失望，对外籍员工占据工作机会且与当地居民关系恶劣尤其不满。虽然石油开发能够带来巨额收入，但是并不能够带来充足的就业机会。对于一个失业率超过60%、1/4 居民生活在贫困线以下的国家来说，石油行业仅仅能够雇佣2%的适龄劳动力，无法对提高居民生活水平做出实质性帮助，却造成了社区间和社区内部争夺石油行业工作职位的紧张情绪。

［案例6-2］

2010年，艾哈代布油田在开发过程中受到社区冲突的严重影响，2012年加拉夫油田、2013年西古尔纳2期也遇到了同样的问题。最明显的例子是2013年11月，为油鲁迈拉油田服务的贝克休斯和斯伦贝谢两家公司的外籍员工与当地员工、本地居民爆发冲突，失控的当地民众袭击了两家公司营地，迫使BP、斯伦贝谢和贝克休斯三家公司减少驻派人员，部分地区暂时停产。此次冲突的直接原因是在阿舒拉节（11月4日）期间，国际能源公司所雇佣的安保公司的外籍员工（逊尼派埃及人）蓄意破坏当地员工和群众（什叶派）的纪念活动，而冲突的深层次原因是当地居民对石油开发利益分配的强烈不满。

点评：

伊拉克现行政治模式难以给社区劳工问题提供有效的解决方案，只能将负担转嫁给国际公司。面对不断累积的社区劳工问题，中国企业必须深入社区详细了解情况，借鉴其他公司的经验和教训，避免造成严重损失。

（二）国际局势风险

中美两国在伊拉克存在利益冲突的可能。海湾战争和伊拉克战争使美国在伊拉克的影响力空前提升。中国在伊拉克的石油投资令美国一些政界与学术界人士深感不快。他们认为，美国为伊拉克战争及战后治安付出了巨大的代价，而中国却从中获益，垄断了伊拉克的石油生产。美国国内一直有声音要求中国在伊拉克承担起军事方面的责任，但中国政府并未接受这样的提议。另一方面，中国对伊拉克的大量投资带动了中伊两国政府特别是高层间的政治往来，石油工程所及之处也带来了地缘政治上的影响力，这些并非美国所乐见。

美国担心经济投资会增加中国在当地的政治影响力，进而威胁到美对伊拉克及地区事务的主导地位。因此，这种表面上的和平共处背后其实蕴藏着战略利益冲突的潜在风险。

美国政府中的鹰派右翼和反华势力极有可能无法容忍中国在伊拉克的石油开发领域占据优势地位，更不可能接受中国借此扩展在中东地区的地缘政治影响力。一旦美国政府确定了遏制中国在伊投资的政策框架，中国企业在伊拉克的投资将不可避免地遭受政治冲击和国际压力。

（三）宏观经济风险

经济风险主要指所在国的经济发展形势、利率、汇率、外汇兑换率、外汇可兑换性等。该类风险一般的防范措施为：就目前国际金融状况而言，项目融资全部以美元贷款，通过远期外汇买卖、外汇买卖掉期、货币期权等金融工具进行汇率风险的规避。

1. 经济结构风险

伊拉克是欧佩克体系内的第二大产油国，石油工业仍将是伊拉克的支柱产业。欧佩克组织达成限产协议以来，作为世界主要产油国之一，伊拉克政府的财政收入随着2017年油价的稳步回升、重新控制库尔德油气富集区而有所好转。但面对国内大量的重建工作，伊拉克经济短期内还难以摆脱对石油工业的依赖。

油价和安全问题是制约经济发展的两大因素。不稳定的安全局势限制非油经济增长的主要因素，大量军事行动对城市建筑、公共设施的破坏也制约了经济的发展。这对中国企业投资带来了很高的不确定性因素，包括投资的单一性（石油工程）、政府的支付能力、工程配套设施及环境、安保工作等都需要事前综合考虑。

2. 通货膨胀风险

伊拉克的历年通胀率不高，但是伊拉克大量的食物和生活必需品依赖进口。这一不稳定因素或随着新冠肺炎疫情及全球粮食和消费品价格的走高而走高。在伊拉克中企需要注意常用物资的储备和价格变化。

点评：

受疫情和油价动荡的影响，短中期通胀可能会上升。在做工程预算时，要做好价差预备费的核算。采购时，合理平衡仓储成本和涨价风险。

3. 汇率波动风险

通过市场调研可以发现，伊拉克实行开放市场政策，外汇交易、汇兑自由，资金可自由出入伊拉克；伊拉克由于石油、天然气储量巨大而外汇收入颇丰，外汇短缺情况发生概率较小，但是，因为经济结构单一性的问题，国际油价对伊拉克经济冲击很大。如 2020 年 12 月，伊拉克中央银行发表声明，决定将本国货币第纳尔大幅贬值。伊拉克央行当天将最新汇率定为 1 美元兑换 1450 第纳尔。此前汇率在 1∶1200 上下浮动。调整汇率的原因在于低油价和疫情导致的流动性危机，造成政府预算面临大量赤字。

点评：

可以采取以下措施：加快回收款项；关注外汇市场；加快储备材料；合同中增加汇率保值条款等。

(四) 法律与监管风险

伊拉克法律体系既缺乏独立性，又缺乏实施的有效性。伊拉克法制基础较差，政府虽有推动法制的意愿，但能力有限，政治内斗屡屡延缓对现行法律体系进行有效改革的努力。官僚作风和腐败行为盛行，司法官员经验不足，对外资公司合法权益的保护往往需借助国际仲裁庭。外国公司需要建立和政府官员的伙伴关系。尽管如此，伊拉克联邦政府和库尔德自治政府都把吸引外国投资作为法制领域的优先事项。虽然进展较慢，但在保护外资权益上还是朝着积极的方向前行。根据世界银行2016年公布的全球治理指数中的法治得分，伊拉克法治得分为-1.7，同比下降0.25。

伊拉克政府与多个国家签订有自由贸易协定，为伊拉克吸引外资增加了一定优势。

[案例6-3]

伊拉克国会通过战后首部新宪法后，就着手制定《石油法》(全名《伊拉克碳氢化合物法》)。2007年法律草案开始在国民议会与政府部门之间流转征求意见。然而，库尔德人、什叶派与逊尼派均以法律草案损害自身利益为由进行抗议，中央政府石油部与地方政府也为石油事务管理中的权力分享问题争执不断。《石油法》的立法进程由此进入了旷日持久的僵持阶段，历时十年都未能通过。从严格的法律意义上来说，中国在伊拉克当地的石油投资都只是与伊拉克石油部所签署的合作协议，并没有相应的法律条款可供遵循，一旦发生纠纷，也无法寻求当地法律对自身权益的保护。

（五）税务风险

1. 重复纳税风险

在伊拉克需按照伊拉克税法缴税，承包商税收通常由甲方代扣，缴纳后凭凭证可以退税。在政府合同下供应商可以享受的免税政策非常难申请。承包商即便缴纳完税收，在国内办理免税证明时需要提供的缴税证明很难获取，会导致向国内税务单位重复缴税的情况。

2. 税收法律法规更新风险

伊拉克政府每年都会根据经贸数据，如国内预算、产值等情况，对某些税种的税率和征税对象做出调整，对某一行业或地区实施新的税收优惠政策，或临时颁布专门的税收法规，给外国投资者带来一定影响。“走出去”中企如果事先没有充分了解投资目的地国家的税收制度，也没有实时关注其最新的税收政策变动，就会造成税收优惠应享未享或违反税收政策等后果。企业应提高对投资目的国税收制度的重视程度，充分掌握境外税收环境。

3. 并购风险

中企在延伸海外业务时，可能会采取并购海外当地企业的方式，这也是最常见的投资形式之一。但在完成并购后，企业项目可能会受到当地税务机关的税务审计，在税务审计过程中，税务机关可能会对并购交易的纳税申报提出疑问和异议。在收购的时候需要考虑目标公司的历史税务风险是否会由买方承担、历史期间的税务合规性、累积税务亏损和受到税务稽查的情况等。买方可以通过税务尽职调查来帮助识别标的历史税务风险、保护自身利益。

4. 其他工程相关具体税务风险

工程项目一般分设计、采购与施工三个业务模块，每个模块都有其自身的税务特点和风险，中国企业亦可以相应制定适当的应对方案以进行税务风险的管控。

（1）设计环节的税务关注点。主要包括中国国内以及项目所在国的流转税双重征税风险（海外流转税在中国无法进行进项抵扣）、海外所得税风险和常设机构风险等。

（2）采购环节需要考虑的税务关键点。主要是采购主体的所得税成本和流转税成本。若设备采供由中国企业完成，则相应的利润需要缴纳 25% 的中国企业所得税，在当前中国的增值税出口退税制度下，还可能因为退税率低于征税率产生一定的增值税成本。此外，通过中国主体进行采购和供应可能还存在外汇管制和汇率波动风险。一些企业考虑通过离岸采供平台进行上述活动，这样的平台往往选址在一些常见的自由贸易港，比如新加坡和我国的香港地区。但通过平台进行活动也有利有弊，需要视具体情况进行考量。

（3）在境外工程项目中，往往需要由当地法律实体来开展当地的建筑施工部分。当前，伊拉克所得税法并无关于常设机构的准确定义，但是在伊拉克境内对商业活动的妥善管控也非常重要，需确保当地实体符合登记注册和纳税申报的有关规定。与此同时，未来利润汇回的税务成本及合规管理也需注意。此外，公司可能还会面临当地税务机关对合同价款分割合理性的询问，特别是针对分配给当地公司的部分，是否符合第三方独立交易原则，因此需要公司在项目整体层面进行有效的安排。

点评：

伊拉克政府对跨国石油公司的税务与审计制度极为紊乱，除缺乏完备的税法外，税务体制中还存在大量管理方面的弊病。例如，伊拉克政府要求跨国石油公司只能使用伊拉克国有银行的支票，但这些银行基本上还处于手工操作的阶段，根本无法满足各家跨国石油公司的业务需求。伊拉克税务总局严重缺乏人力，根本无法及时处理跨国石油公司的报税与审计要求。更严重的是，伊拉克石油部向跨国石油公司批准的许多免税许可，均不被伊拉克财政部所认可。

（六）经营风险

1. 合同风险

此前与资源国政府签订的较多为“技术服务合同”（TSC），资源所有权归伊拉克国家所有，伊拉克各级政府、监管单位和伊拉克政府石油公司对投资和作业有较强的控制权；伊拉克政府石油公司代表伊拉克石油部行使管理权。

伊拉克技术服务合同模式的条款过于苛刻，伊方控制力过大，作业受到各种限制，收益微薄，有的甚至存在亏损风险。因此，有些西方石油公司采取控制投资甚至逐步退出，例如壳牌最终选择退出了Majnoon油田。各国际石油公司不断与伊拉克石油部和伊拉克国家石油公司磋商，对高峰产量目标等进行调减，对技术服务合同进行修改。在与国际石油公司的不断合作与摩擦中，伊拉克政府也发现技术服务合同的一些条款在执行中存在问题，加上遭遇全球油价低迷期，也希望对合同模式做一些调整。但是调整后的新合同模式同样存在控制力度过大的问题，带来更大的风险。

[案例6-4]

由于第五轮油气区块招标既有勘探区块，也有开发区块，因此合同分为针对勘探区块的“勘探、开发和生产合同”（EDPC，以下简称新合同），勘探、开发和生产合同正文共有43条，这和此前的技术服务合同（TSC）几乎完全一致，合同条款内容也一一对应。另外有7个附件和3个附录，也与技术服务合同类似，只有少量增减。虽然新合同总体框架基本不变，但石油部把这些年与国际石油公司“斗争”总结的经验和教训逐一放在各合同条款中，基本上对每条都做了极为具体的修改。

新合同加大了伊方对项目的控制权，以及对采办、人事、财务、审计的控制力度和要求，并通过合同终止权等实现后端控制。首先，虽然去掉了非法人联合作业机构，相对减少了具体执行中伊方的制约，但从整体上加大了伊方对项目的单方控制力度，主要体现在伊方要求的强制遵守和执行义务。这意味着伊方获得了很多单方面决定权，甚至要求采取一些不符合采办规则和国际惯例的做法，而作业者一旦不遵守，则可能导致违反合同。这将使作业者陷于被动，甚至产生决策层面的僵持，影响作业开展和项目进度。在目前技术服务合同没有相关明确约定的情况下，伊方的各种指令要求已经是种类繁多、伸手过长，更何况明确做出此项约定的新合同。其次，增加了对采办、人事、财务、审计的控制力度和要求。包括：降低采办审批权限，导致更多的项目需要上报联管会和伊拉克国家石油公司审批；明确采办项目成本评估机制；承包商人员的工资、福利、津贴须经过联管会批准和伊拉克国家石油公司同意；进一步加强本地化要求，包括明确人员比例、服务和货物采购本地化等；扩大预算超支的审批要求；明确审计师事务所在伊许可资质要求等。最后，扩大了伊拉克国家石油公司终止合同的权力。在国际石油公司出现任何违法行为，甚至仅是违反石油部指令和要求的行为，或者违反商业道德时，伊拉克国家石油公司都有权终止合同。

新合同还增加了国际石油公司的投资和作业义务，以及原油质量和品质标准、语言要求等。包括明确国际石油公司的天然气利用义务、弃置义务等，由国际石油公司承担排雷作业，约定详细具体的健康安全环保要求，增加基建基金支出义务等；要求遵守原油等质量和品质标准，不达标准的无法计算报酬金，甚至可能无法计入产量；更加注重对阿拉伯语的使用要求，包括财务账簿和报告等。这些都会导致国际公司承担更多的义务和风险。

国际石油公司获得补偿和收入的渠道与范围变窄，而石油成本回收和报酬机制与油价挂钩，可能存在实质上降低收益风险。新合同中，不仅删除了附加成本机制，排除了部分费用的提前快速回收，而且删除了国际石油公司的上级管理费和承包商总部支持服务费用，使得国际石油公司的间接费用无法得到充分补偿。扩大了不可回收范围，列举了大量不可回收的情况。将此前技术服务合同的“先付款后争议”改为“先争议后付款”机制，导致伊拉克国家石油公司可能随时以存在争议为由不予成本回收。在产量因伊方原因受限时（政府限产或外输受限等），国际石油公司不再有权获得补偿。同时，按照新合同，成本回收和报酬金都暴露于国际油价的风险之下，石油成本的回收上限直接与油价挂钩，报酬金的高低则受油价影响很大。此外，新的报酬机制具有一定的想象空间，但从石油部最终公布的酬金比例上限来看，实际考虑了油田潜力和经济效益等，甚至可能从较低的桶油酬金倒推出报酬比例，因此比例上限可能压得比较低，从而限制国际石油公司的收益。

伊拉克国家石油公司的审批时限、保障、赔偿、保密等义务被减免。新合同在缩短作业者提交方案、工作计划和预算等时间的同时，延长了联管会和伊拉克国家石油公司的审批时间，使得伊方在久议不决、久审不批的情况下尽可能免于承担责任。此外，删减了稳定性条款，删除了合同被宣告无效时伊拉克国家石油公司的保障和赔偿义务，调整了间接损失免责条款，去掉了合同终止后3年保密期的约定等。这些都在不同程度上减轻或免除了伊拉克国家石油公司的责任，导致国际石油公司无法充分主张自身权利、维护自身利益。

2. 合同转让或退出成本过高风险

伊拉克石油部关于能源开发的新合同模式增设了转让费机制，即在承包商转让合同或出现控制权转移时，需要交纳相当于转让价格35%的合同转让费。如果没有转让价格或伊拉克国家石油公司认为转让价格明显不合理时，伊方还可以根据市场价格来估定转让价格，防止承包商免费转让或低价转让。不过，如果该转让依法纳税或支付其他政府费用时，伊拉克国家石油公司不再收取转让费。

这一条款的目的是要避免投资者通过转让合同获利，而伊拉克政府却从转让中没有获得任何利益，比如壳牌退出 Majnoon 油田的权益转让。这个机制对于投资者而言是非常大的风险，因为一旦项目受阻或因自身战略调整希望退出时，投资者利益将因高额转让费而受到重大影响。所以，投资者在投标时要充分考虑、谨慎决策，一旦中标将难以再通过转让等方式退出，而不得不持续运营、承担风险。

点评：

如果一家公司不计成本地中标，然后包装、讲故事，最后想“始乱终弃”地卖掉，那则可能面临着高额的转让费，这就要求投资方从一开始就要打消这种念头。

3. 合同被终止风险

2018 年伊拉克石油部的新合同文本中扩大了伊拉克国家石油公司终止合同的权力。在原来技术服务合同终止情形的基础上，新合同增加了伊拉克国家石油公司可以终止合同的两种情况：一是如果承包商或关联公司违反任何伊拉克的法律（包括但不限于石油部在内的伊拉克政府的任何指示或命令）；二是如果承包商违反一般商业道德（包括反腐败等）。而一旦伊拉克国家石油公司据此终止合同，承包商将无权再主张任何已花费未回收的成本、报酬金和未来权益，并且要向伊拉克国家石油公司支付未完成部分的最低义务支出。尤其是前一种情况，可能导致投资方随时受制于石油部的任何指令或要求。在实践中，石油部会提出各种不合理的指令和要求，甚至有些突然冒出来的政策，会导致投资者面临极大的风险。这迫使投资者不得不接受各种苛刻条件和要求，如果不遵守则可能被终止合同，投资将血本无归。

4. 投资回收风险

在伊拉克的能源开发项目中，勘探结果与合同执行预期并不直接挂钩，合同期限内并不能保证充分开发资源。受政府和 OPEC 的每年产量限制、外输限制，外方在合同签订前可能隐瞒相关的储量资料，执行过程中刻意延缓增产，因此所称的油田储量并不能成为投资得到回收的保证。

由于技术服务合同项目的投资回收一方面与油田产量挂钩，另一方面与投入成本挂钩，投资额度不够会影响服务费回收和报酬金，所以外方会在审计投资成本时以各种借口理由不承认投资金的合理性。如认为费用不合理甚至要求从已经回收的费用中扣除。这些都对在伊拉克工程投资的回收造成极大的风险。

5. 招投标风险

在项目运行过程中往往有大量国际性的招投标，在采购阶段并不能由承包商来主导，整个采购制度规定一直受到资源国石油部和政府石油公司的监督、制约，有居地主之宜而强行加以牵制的种种手段。

签订服务合同的主承包商受政治、经济条件制约，为保证投资回收，不得不受其牵制，资源国凌驾于合同之上的法律条文、各种制度规定甚至当局政府出具的信函、会议纪要都构成有形无形的对合同正常执行的打压，迫使整体作业进展缓慢，远不能按合同预期的速度和方式进行。例如在招投标过程中可能遇到的风险主要有：

（1）尽管合同规定合作机构没有成立时中方可以代为管理主要的采购过程，但伊方始终不认可这条合同规定，近年以来伊方更是要求参与评标全过程，伊拉克政府石油公司派人员参与所有合同的供应商资质预审，并设立资质预审委员会（本质是想让伊拉克公司多些中标机会）。

（2）所有价格标、商务标都由合作机构的中伊方人员组成评标委员会共同进行评分，伊方派出的代表并不是很专业，其目的是维护某些投标人的利益，甚至根据某些势力的指示暗中操作。一旦出现结果不符合其意图，甚至拖延评标和后续招标过程，提出重新评标的不合理要求。

（3）伊方经常以正式信函的方式要求给与其国家企业参与投标的机会，如该企业有资质问题或未能及时递交投标文件，则伊方会干扰后续的开标进程。

（4）如果是中国企业中标，则在投标结果出来后会被伊方要求大幅度降价。即便是最低价中标，伊方也会以费用审核不通过等理由要求进一步降价。

（5）伊拉克政府规定如果中标价低于原预算价 25% 或高于原预算价 10% 也属于废标，不能签订合同，需要重新进行招投标流程，导致该政策发布前多个即将签订合同的项目暂停。

（6）伊拉克政府石油公司根据 2015 年伊方石油部颁发的政府文件要求所有单一来源采购无论金额大小都需石油部批准。石油部批准流程缓慢，整个获批流程需 2～3 个月，严重影响工作进度。

（7）许多项目在采购过程中“一步三回头”，反复招标、资格预审、评标、过程解释说明，伊方个人行为对采购的干预严重、无端质疑，不分轻重缓急一概悬置，致使资源获得工作极为缓慢。

（8）伊拉克政府石油公司根据石油部颁发的政府文件，要求进口货物需提供原产地证明，且原产地必须与进口国一致，不一致的货物无法完成清关手续。此要求本身是为了保护本地产品，减少代理产品的质量问题，但结果是限制了企业设备及材料正规渠道进口，促进了伊拉克本地私人清关代理的发展。

（9）在石油相关的合同中，涉及石油钻井管线的关键材料要求购买欧美（含日本）产品，即便中国产品质优价廉，也无法得到认可。如果一项采购少部分不属于欧美（含日本）产品，需要报石油部批准。经使馆商务部多方面协调，目前只有一到两家中国企业如美钻在石油部争取到了向伊拉克地方供货的许可。

6. 能源项目产量受限无法获得补偿风险

石油产量因伊方原因受限时不再获得补偿。伊拉克石油部有关石油合同的条款中，只明确了在政府限产和外输受限时，暂停适用惩罚性的规定，以及在确定首次商业生产日时排除政府限产和外输受限影响，但删除了有关赔偿的表述。由于在油价低迷时会出现欧佩克限产并要求伊拉克限产的情况，如果伊拉克政府要求油田限产，承包商无法再主张赔偿。由于外输由伊方负责，如果伊方由于港口天气或管道等原因限制外输，承包商遭受的产量损失也无法获得补偿。

7. 争议款无法回收风险

伊拉克石油部在2018年5月的新合同文本中发布了先争议后付款机制。根据原先的技术服务合同（TSC），如果伊拉克国家石油公司对任何成本或费用有异议，在没有解决争议之前仍然需要先支付包括争议和无争议在内的所有金额。而新的机制明确规定，伊拉克国家石油公司在对任何成本或费用有异议的情况下，将只支付无争议部分，有争议部分需要待进一步解决后再视结果处理。

实践中，伊方可能以各种理由对相关成本或费用提出异议，包括没有伊方参与或同意（即便本来不属于伊方审批权限）、不符合石油部要求等，因此这一修改会导致投资者的成本回收暴露在伊方的单方判断风险之下，因为如果在项目执行中没有伊方的认可，相关成本或支出极有可能在发票审批中被质疑或剔除，由此也会导致伊方在项目执行中的控制力更强。

8. 用工风险

在伊拉克承包工程的用工风险主要体现在几个方面：

（1）签证风险。

在与伊方签订合同之后，中企便可以开始申请人员签证，过程需要2~3个月。伊拉克签证申请可谓世界上最复杂的签证办理，与伊拉克政府签订合同的主合同商及下属承包商、分包商都需要通过主合同商来提交签证申请。首先需要提交办理材料给主合同方，经过合作机构、石油部、内政部、外交部三重审批，1~2个月后拿到内政部颁发的入境批文；如果在国内大使馆贴签还需要等待1个月左右，另一办法可持批文在巴格达或巴士拉机场办理落地签（在中国海关出关需要办理出境证，否则无法出关，普遍通行的办法是办理一张迪拜旅游签证来出关）。入境以后超出10天即需要办理离境签，流程包括验血、提交材料和费用给主合同商，由主合同商获取伊拉克合作公司信函以后赴当地移民局办理，如果10天内无法完成全部流程，就会面临数额累进的罚款。伊方在签证办理过程中时不时地制造麻烦和阻碍。

［**案例6-5**］

2020年10月11日，伊拉克劳工部长阿迪勒访问库尔德自治区首府埃尔比勒，分别会见库区劳工和内政部长。阿迪勒在会见中表示，伊拉克境内大量外籍劳工对本国公民就业造成严重影响，必须阻止外籍劳工非法入境，严格落实相关劳动法，特别是应保证本国工人和外籍劳工的雇用比例不低于1∶1。除伊劳动市场缺乏的专业技术人员外，移民局应限制其他外籍劳工获得工作签证，从而为本国公民提供更多就业机会。

点评：

伊方在签证办理过程中时不时地制造麻烦和阻碍，主要出于以下几个方面原因：

（1）通过签证申请限制外国进入伊拉克的劳务数量，为了保障和增加本国就业，外籍人员申请签证被要求提供该劳务在伊拉克本国内不可替代的依据，并要求相关伊拉克合作公司出具证明和定期检查确认报告等。

（2）通过签证禁止从事基本服务行业的外来人员入境，例如中国来的厨师（即便是为中国承包商烹饪的厨师也被认为是当地可提供的服务业而禁止）。

（3）通过签证控制传染病，入境后所有人员必须经过乙肝和艾滋病体检，体检报告须递交当地移民局。即便乙肝患者在大多数国家已经被承认不得剥夺工作和就业权力，在伊拉克仍然严禁病毒携带者入内，一旦发现立即遣返。

(4) 通过签证控制员工工作地点，所有签证批文都写明哪个作业区块的哪一家公司申请，以此控制不同项目的人员自由转换，即便是一个公司下的人员也不可以。原签证需要注销后才可以在另一个项目申请签证。

(5) 伊拉克沿主要道路的安检站和伊拉克各地情报局随时抽查签证情况，一旦出现违反其中任何一条限制都会遭到路上无法通行、遣返、巨额罚款甚至关押的严重惩处。

(6) 办事效率低下，腐败滋生。由于伊拉克签证全套申请过程都依靠递交纸面材料，有中国不法分子利用在伊拉克登记注册的公司专门报送假签证申请，纯粹是利用出售签证来牟利（一个伊拉克一年签证在市场上可以获得1000~2000美元的丰厚利润），甚至有奸商通过复制、盗用主合同商的签字、印章，假冒主合同商报送签证申请，实际是为从事第三服务行业的人员获得非法签证（含按摩洗头等不正当行业），导致被冒用的主合同商无法正常开展业务。

(2) 本地化要求。

本地化要求指伊拉克政府对境外投资企业在伊开展业务时对伊拉克本国人员构成比例的具体要求。如在2018年伊拉克第五轮油气区块招标合同文本中明确，伊拉克本国人员必须逐步增加，在合同生效后4年内至少占承包商总人数的50%，合同生效后8年内占比至少要达至85%，并在后续期间内持续保持。从目前伊拉克境内的法律规定来看，对伊拉克本国人员占比也有一些规定，例如伊拉克《投资法》中要求50%、《炼厂投资法》中要求75%等。

在实践中，为解决当地人员就业，伊方会不断要求增加人员，而且项目所在省份经常会要求优先甚至必须雇用本省人员而排斥外省人员。另外项目所在区域、部落、村落也会要求雇用本地人员。其实，伊拉克国内人力资源状况并不乐观，尤其是精专业、懂外语的优秀人才非常缺乏，仅有的少数人才多集中在巴格达、巴士拉等地区。因此人员本地化是一个非常复杂的实践过程，对中企开展业务带来极大的困扰。

9. 本地货物和服务采购竞争风险

在伊拉克承包工程时，除同等竞争条件下本地承包商或供应商优先外，2018 年 5 月，伊政府有关主管部门还进一步明确了即便政府实体（一般包括各种国有公司）的价格高于国际市场价格，只要高出部分不超过伊拉克法律规定的比例范围，也应该选择该政府实体。在实践中，经常遇到伊方直接要求国际石油公司雇用本国钻井、工程等国有服务公司的情况。由于伊拉克并没有加入世界贸易组织，也没有和中国签署有关国民待遇的双边条约，目前还无法从国际法角度应对这种不合理的做法。

10. 征地风险

土地征用中的钉子户是工程实施中的共同难题。伊拉克工程项目所用土地大多来源于当地农户，即便有关于土地征用的明文法规，农户也不愿意服从。本地农户十分强硬，常常提出很多不合理的索赔要求，甚至占地不走，导致许多管线铺设项目、站点用地项目极难开展，即使伊拉克政府公司、地方当局出面也不能完全解决，造成项目拖延半年以上的情况时有发生。

11. 手续办理风险

伊拉克最大的特点是没有电子化办公，每个当局都需要打印一大堆材料亲自派人去跑，办理非常缓慢而且需要来回审核，甚至这些政府部门往往会意外丢失材料，需要重复整理和提交，许多表格仍然用阿拉伯语填写非常不便，由此导致很多签订合同的项目执行进度缓慢。

12. **语言差异风险**

伊拉克相关工程主管部门规定，除了技术报告，包括联管会会议纪要在内的报告都需要同时提供英语和阿拉伯语（简称阿语）版本；财务账簿和记录需要同时用阿语和英语；各方沟通可以只用英语或阿语。原先的技术服务合同中并没有这些使用阿语的明确要求，只约定和政府沟通时要使用阿语。

点评：

如果相关文件签署阿语和英语版本，具有同等效力，但出现分歧以英语版本为准。

（七）安全风险

伊拉克国内安全局势动荡并存在恶化可能。总体来说，伊拉克在国内安全问题上面临四个严重的风险爆发点。第一，伊拉克国内的教派冲突存在愈演愈烈的趋势；第二，库尔德分离主义长期威胁伊拉克国内的稳定。第三，各种极端主义势力严重威胁伊拉克国内安全。第四，失业问题长期存在，民众不满情绪引发大规模示威活动。

［**案例** 6–6］

恐怖袭击风险增大。“伊斯兰国”失去在伊拉克的全部领地后，其支持者和残留武装仍试图以自杀式和汽车炸弹式等形式发动恐怖袭击。仅在 2018 年第一季度，记录在案的汽车炸弹袭击就达到 8 起。2018 年 1 月，首都巴格达发生的自杀式汽车炸弹袭击，造成了至少 27 人死亡。当前恐怖活动的目标仍是人口和油气田密集的北方省份，南部巴士拉附近尚未有恐怖分子的立足之地，但巴士拉附近的能源设施受到袭击的可能性也在上升。

2019年5月以来，受美国和伊朗关系紧张的影响，中东地区局势不稳，伊拉克的安全形势也受到威胁。埃克森美孚、壳牌、埃尼公司在伊拉克的驻地和鲁迈拉油田附近营地等都遭到火箭弹袭击，造成2名伊拉克员工受伤。

[案例6-7]

石油行业虽然产生了巨额收入，但是无法创造大量就业。伊拉克失业率非常高。失业和贫穷使伊拉克民众对外国公司和外国人抱有复杂的情绪。近年来，在各地油田周边地区，当地部落组织居民堵塞油田道路，阻碍工人上下班和设备物资运输，要求为各自部落提供更多的工作机会。

2018年7月12日，数千名示威者冲击巴士拉石油公司总部，还有示威者在西古尔纳2期油田大门外搭建抗议营地，点燃俄罗斯卢克石油公司的建筑，外籍员工被迫乘直升机转移，卢克石油公司最终承诺向周边提供200多的工作岗位。

2019年10月1日起，该国多地再次发生大规模示威游行活动，抗议政府服务不力及高失业率等，已造成逾百人死亡、数千人受伤。

2019年12月开始，油田堵路问题日趋严重，位于济加尔省的纳西里耶油田、位于瓦西特省的艾哈代布油田多次因居民堵路造成停工。2020年2月，南部油区出现了一系列针对外国石油公司员工的暴力活动。如果政府不能有效化解当前危机，动荡局势可能升级，伊拉克安全局势将面临新挑战，中国企业在伊拉克的社会安全风险急剧上升。

点评：

目前来看，伊拉克境内的自杀式恐怖袭击与“伊斯兰国”组织的崛起尚未对中国三大油企在伊运营产生致命性影响，这主要得益于中国投资油田项目的地理位置优势。中石油与中海油项目均处于伊拉克南部与东南部地区，这里的油田资源是伊拉克政府的财政命脉所在，因而军事保障力度相对较强；中石化的项目位于库尔德自治政府控制区内，当地治安一向良好。然而，这并不意味着中国在伊拉克的石油投资没有任何安保风险，当前伊拉克日益复杂的政治宗教与族群纷争使得当地的安全局势仍处于一种极不稳定的状态，未来随时都有可能爆发新的冲突，继而对中国的石油投资产生严重的负面影响。

（八）依法合规运营风险

随着国民经济的恢复和石油行业的发展，伊拉克政府对外国公司的监管要求逐渐增多，对伴生天然气放燃、环境污染等违法事件的处罚力度不断加大。与此同时，中国企业的合作伙伴和客户——国际石油公司——遵守美国、英国等注册地或股票上市地的监管要求，不仅自己进行严格的合规管理，而且要求中国企业满足其合规管理要求。面对各种形式的依法合规运营风险，中国企业需要熟练掌握运用国际规则，遵守伊拉克法律法规以及中国关于对外投资的法律法规，满足合作伙伴和客户的合规管理要求，做好信息披露、公司治理、反商业贿赂等合规工作。

（九）中国企业风险管控措施及建议

1. 前期充分调研

参与伊拉克项目招标前，中国企业一定要对伊拉克的政治背景、安全形势、投资环境和社会文化有充分的理解和认识。如果是第一次进入伊拉克市场，一定要做好前期调研，了解安全风险、宗教风险、法律风险等。如果不清楚各利益集团、各宗教派别、各党派、各地方势力、各部族关系等，就难以理解很多伊方的政策和做法，也很难做到心中有数、有效应对，无法通过多种方式化解面临的困境和风险。如果不了解伊拉克境内的战争历史，就无法了解哪些区块在富雷区域，因为这将面临大量的清雷作业和风险。这些都对项目的开展至关重要。

2. **仔细分析承包合同**

中国企业要仔细深入地研究分析工程承包合同，特别是油气开发合同，并要向已经进入伊拉克的企业学习经验和吸取教训。合同中有很多看似不起眼的修改，会让新进入的中企难以察觉其中的各种隐患和风险，直至执行中可能才发现控制权轻易转移到伊方手中，导致管理和作业困难重重。中企应做好各方权利义务的梳理，对于伊方扩大自身权利、减轻自身义务、加重中企义务和责任的地方，要提前分析可能带来的影响，评估自身是否能够承受相关风险，想好应对措施。如上文中提到石油部的新承包合同中的伊方单方终止权，这一条在石油部的合同文本中曾经被删除过，最终又重新加上去，可见暗中的博弈和石油部的心态。到最后投标的时候，大部分西方国际石油公司没有参加，除了对项目本身效益的评估外，不排除因对类似条款的风险评估导致最终放弃。

3. **完善谈判策略，提高本地含量**

伊拉克政府迫切需要增加石油产量提高石油收入改善财政状况，同时需要加大基础设施投资力度改善国内投资经营环境。为此，对外国投资者提出了较高的要求，并在激励外国公司提高产量和要求外国公司承担义务之间寻求平衡。中国企业需要吸取壳牌、埃克森美孚等国际石油公司的经验和教训，准确把握伊拉克政府在特定时期的关注重点，统筹考虑项目评价和项目建设过程中的每个环节，不断完善谈判策略，在合作中争取有利条件，谈好合同条款，为合作项目打好盈利基础。

中国企业要不断丰富当地合作内容，凝聚本地人心，赢得本地支持。扩大当地员工队伍，培养本地服务商、供应商，不断提高生产经营的本地含量。注重跨文化管理，在中外方人员之间形成相互尊重、相互学习、优势互补、共同进步的文化氛围。

4. 建立政治风险研究监测预警机制

中国企业要充分理解伊拉克政治风险时刻存在、长期存在的特点，制定好各项管控措施，有效降低企业损失。其实，政治风险管控措施也是企业克敌制胜的法宝，中国石油企业在海外市场所面临的政治风险，同样会影响到该市场上的其他企业，能否更好地抵抗住非市场性的外部政治冲击，已成为在当地市场站稳脚跟的决定性因素。因此，提高政治风险管控水平，不仅可以在遭遇政治风险事件时降低损失、保存实力，还可以在大环境不利的特殊情况下战胜其他对手。

开展专题研究、日常跟踪监测和风险预警是政治风险管控的关键所在。中国企业要组织专家团队，就伊拉克政治风险相关问题进行深入专题研究，借助合作伙伴和当地员工的力量充分收集政府、石油公司、作业现场的重要信息，做好“情景规划”，分析不同情景下的应对策略，及时预警各类政治风险，为投资决策前的预防性措施、生产经营中的日常性措施和风险事件发生后的应急性措施等提供具体指导。

5. 升级社会安全管理

面对伊拉克社会安全风险居高不下的现实，中国企业必须不断加强和升级安全管理，全面提高物理防范、技术防范、信息防范的水平。

定期排查办公、住所、基地、作业现场和运输工具的物理安防设施，加强人员的旅途管理，降低暴露频次；维护卫星通信、车辆定位等技术安防设施；密切关注作业区域周边的社会安全局势，保持与大使馆、当地政府及合作伙伴的信息沟通渠道畅通。做好应急管理，及时更新应急撤离预案和资产保全方案，定期或不定期进行演练，确保在突发事件发生时能最大限度降低损失。

6. 加强合规管理和法律风险管控

中国企业要将依法合规作为在伊拉克市场行稳致远的前提，将合规管理和法律风险管控能力作为企业国际竞争力的重要组成部分。坚定使命理念先行，坚持依法经营、诚信合规原则，营造依法合规工作氛围。严格遵守伊拉克各项法律法规和政府监管规定，完善内部规章制度，确保生产经营各项工作满足内外部合规要求。要关注重点领域，满足合作伙伴和客户的合规管理需求，在合同谈判中争取有利条件，在合同履行中严格执行合同条款，建立反商业贿赂、贸易控制等合规管理流程，有效降低依法合规运营风险。

[案例6-8]

鲁迈拉油气田位于伊拉克南部，临近伊南部重镇巴士拉，是伊拉克地区最大的油田，同时也是世界第六大油田。

鲁迈拉油气田二期项目为总分包项目，由BP公司和伊拉克政府签订总包协议，在伊拉克2014年上半年大选后进行分包招标，并计划于2014年下半年开钻。二期项目位于距巴士拉市区更加遥远的沙漠腹地，气候环境恶劣，且周围鸟无人烟，安全性较一期项目更加严峻。BP公司通过集中组织专家组成员对伊拉克鲁迈拉油气田二期项目进行风险识别，结果如下：

（1）政治风险。

因伊拉克地区战后长期处于政治紊乱，什叶派经常因为政见不合制造自杀性爆炸袭击，而当地政府至今对石油行业征税标准及石油行业标准没有明确规定，政策不能连贯执行，加之诸如基地组织在南部地区武装割据，导致鲁迈拉油气田地区存在极大的政治风险。

根据风险地区的特异性，鲁迈拉二期项目政治风险又分为国有化风险、战争风险、政策变化风险以及资金安全风险四个子风险。国有化风险是指资源所在国对已经投入的外国资本强行或变相实行国有化、采用征用或没收的流氓政策，对境外投资企业造成严重经济损失。战争风险是指在资源所在国，由于执政党变更、社会动荡、民族纠纷、宗教冲突等情况，诱发资源所在国战火纷争，而给境外投资企业造成的经济损失。政策风险是指由于资源所在国变更对外油气政策或国际石油政策变化，从而可能使外国投资者蒙受经济损失。资金风险是指在石油行业跨国交易过程中，资源所在国家因为受国际制裁或外汇管制，不使用美元结算而转用其他货币资金结算，这种不正常的结算方式可能无法正常在投资方国家结汇，而造成收入无法回收，使投资企业蒙受经济损失。

（2）经济风险。

鲁迈拉油气田二期项目经济风险子风险包括行业竞争风险、汇率风险以及石油期货风险。

行业竞争风险主要指各大石油企业为争夺项目中标，快速抢占市场，压低合同报价，甚至出现恶意打压竞争公司、亏本运营的情况，从而给项目带来收益降低等一系列经济损失。

汇率风险主要源自汇率波动。因世界石油贸易以美元为结算本位币，美元的大幅波动必然会导致鲁迈拉二期项目经济风险增加。同时因雇员合同以当地货币第纳尔作为结算货币，这样鲁迈拉二期项目就面临着两种货币汇率变化带来的双重风险。

此外，国际原油期货市场日益变化，也会给项目带来风险。

（3）供应风险。

鲁迈拉油气田二期项目的供应风险主要为国内供应风险，其主要体现在投标鲁迈拉油气田区块后，必须逐步向当地运输诸如钻机、采油设备等大型施工设备。这些设备抵达当地港口后，由于政府海关手续冗繁，经常面临清关困难的情况，甚至需要国家层面与当地口岸清关部门积极沟通，协助解决。巴士拉港口某些海关人员甚至向投资企业索贿后方可入关。这种清关方式严重影响了整个施工进度，甚至会造成进度延期违约罚款。

由于当地港口秩序落后，管理不完善，还可能出现货物抵港后丢失的情况。出现这样的情况，一般需要投资企业重新运输货物，延误施工，同时造成了或大或小的经济影响。

而当地供应风险主要针对伊拉克当地供应商，因战乱影响，伊拉克整体供应环境较为落后，政治紊乱，因此，其国内的供应商经常对石油供应品垄断供给，如指定某类物资仅能由某家供应单位专门供货，垄断势必造成价格较基准价大幅上涨，但此种物资又无法从其他供应商处获得，因此对项目运营产生成本影响。另外，受经济条件制约，交通运输不发达，供应物资质量不达标，都是需要考虑在内的风险因素。

（4）环境风险。

因鲁迈拉油气田二期项目地质条件与施工环境都和国内区块不同，施工要求也更为严格，从而影响项目正常运营。

其地质风险主要来源于鲁迈拉区块地质条件复杂，与国内区块完全不同，区块漏层为碳酸盐沉积原生孔隙和成岩作用与构造运动所形成的孔洞、裂缝，漏失通道从微米级至厘米级，具有“上下漏、中间喷”的层位分布特点，同一裸眼段存在多套压力体系，钻井液漏失严重，堵漏施工时间长。因为这种地层仅仅通过勘探测绘得出信息判断，并无具体操作实例，因此会在开发过程中给企业带来风险。而作业环境风险则由于鲁迈拉油气田二期项目开发地域触发，鲁迈拉二期项目所属地区身处沙漠腹地，人烟稀少，该类地区经常会伴有高温高热、沙尘暴一类的自然环境风险。同时，因为对施工作业区域的生疏，可能导致作业配套设施没有面面俱到，准备完善。再者，由于出国作业，从境内派遣的施工人员适应作业区艰苦环境的适应能力高低，也直接影响了鲁迈拉二期项目的施工进度和项目收益情况。

(5) 技术风险。

指因鲁迈拉二期项目勘探资料的不完善，钻井技术及油气采集技术是否能正常满足需要而诱发的风险。其子风险包括勘探风险、钻井风险以及油气采集风险。

勘探风险主要源自项目初期，对鲁迈拉二期区块勘探获得的数据是否准确，能否保证按设计正常钻井和正常开采。钻井风险则来自在项目施工过程中，钻井技术能否满足地质条件，能否符合施工要求及甲方环保要求。而油气采集风险则指项目在油气采集过程中开采油气当量是否符合预期，油气质量是否达到标准。这三类子风险紧密相连，时常发生连带风险反应。

(6) 管理风险。

指鲁迈拉二期项目施工过程中的高级技术人员、管理人员因为对待遇或环境的不满而离职或跳槽，以及管理方式上存在漏洞，影响项目运营，或合同签立时对双方中英文理解不一致而给项目带来预期经济损失的风险。

管理风险子风险包括人力资源风险、组织结构风险、合同风险和流程衔接风险四类。其中人力资源风险指员工年龄结构、技术能力、教育等级等因素对项目的施工运营产生的影响；同时项目的管理人员或核心技术人员会因工作环境、待遇等多方面问题选择跳槽，重要岗位人员的离职会影响项目正常运营。

组织结构风险主要源自组织机制冗繁、人员配置不合理、工作职能分派不均，以及各个部门工作协调部署不明。

合同风险源自签订合同时，因中外文理解不同，合同类型、合同结算方式偏差都会给项目运营带来严重风险。

衔接风险源自项目自身协调配合。在项目运营过程中需要项目的各个成员部门通力合作，确保工艺环节衔接顺利，当出现两个部门之间因为交流或任务分派不明而造成工艺脱节时，就出现了衔接风险。

(7) 基建风险。

基建风险含两个子风险，即基建配套风险和完工处理风险。在鲁迈拉二期项目运营的过程中，可能随时根据项目进展需要完善基础设施建设，诸如安保围墙、基地蓄水池等项目，如这些项目完工不及时则难以保证前线项目正常运作。再者在项目结束后，对基建设施的处置不当，也会对项目造成经济影响。

(8) 健康风险。

鲁迈拉油气田二期项目的健康风险主要针对项目施工人员，其子风险包括身体健康风险、心理健康风险以及贫铀辐射风险。

长期在鲁迈拉二期项目施工地所在沙漠地区工作，高温干旱环境势必对施工人员的身心健康产生影响，且因鲁迈拉为美伊战争的主战场，美国对该地区大量使用贫铀弹，因此此区域施工人员还面临着受贫铀辐射的风险。

三、伊拉克未来发展预测与投资机会分析

（一）伊拉克政治环境预测

经历了四年反“伊斯兰国”的战争，伊拉克各派武装和政治势力迅速壮大，政治碎片化更加严重。

在2018年的大选中，什叶派穆斯林萨德尔领导的议会第一大党仅在全部329个席位中占54席。2019年底，由于民生和腐败问题，伊拉克爆发全国范围的示威游行，时任总理迈赫迪不久宣布辞职。2020年5月伊拉克成立的过渡政府仍然是政治妥协的结果，没有改变亲美、亲伊朗以及各派势力政治割据的局面。可以预见，伊拉克脆弱的政治生态短时间无法改善，政府的执政能力较弱，不过政治安全格局发生颠覆性变化的可能性很小。

作为中东地区产油大国，伊拉克丰富的石油资源使其未来经济重建具备较好基础。另外，伊拉克所面临的国际环境在国际制裁解除后也进一步好转，外交环境得到改善。因此，应密切关注伊拉克政局动态，及时监测未来政府新的发展规划和施政纲领，把握伊拉克战后重建机遇，防范民族主义催生新的不稳定因素。经过多年的战乱，伊拉克国内的“伊斯兰国”极端组织已被基本剿除，但库尔德分裂势力仍对伊拉克安全和领土完整构成威胁。库尔德左翼政党寻求独立的意图

不但遭到了伊拉克联邦政府的弹压，也激起了周边邻国特别是伊朗、土耳其、叙利亚的军事反应，愈发成为伊拉克国家统一和地区和平的新威胁。而冲突的存在又将深刻地塑造伊拉克未来的内外政策，对经济结构的调整造成障碍。

点评：

从整体局势来看，当前的伊拉克面临稳定、改革和发展三个并存和相互牵制的难题，权力结构再次面临重组和洗牌，不得不应对三大派系之间和内部的权力平衡、各种武装和安全力量的重组和安置、大国在伊拉克角逐等诸多挑战。伊拉克尚未出现走出困境的曙光，前景依然不乐观。

（二）伊拉克经济环境预测

尽管政治、安全局势仍然不乐观，反恐战争胜利还是给伊拉克的经济社会情况带来巨大改善。

2018 年，伊拉克政府陆续出台《伊拉克重建与投资》和《2018—2022 年国家发展计划》，提出经济改革目标，对宏观经济、社会发展以及油气、电力、交通等重点产业做出规划。

2019 年，得益于石油产量增长和油价相对稳定，伊拉克石油行业迅速发展。而且，充沛的降水和电力供应的改善，使该国非石油行业特别是农业取得长足进步，一举扭转了 2017、2018 年连续两年经济萎缩的颓势，国内生产总值（GDP）增长率位居中东-北非地区各国之首。恐怖极端组织的威胁被基本消除之后，居民死亡率降至 2003 年以来的最低点，战乱产生的 400 多万难民陆续返回家园。

2020 年一季度，国际油价暴跌和新冠病毒疫情蔓延对伊拉克经济造成重大打击，直接导致财政状况恶化、经济活动停滞，使刚有起色的经济再次陷入困境，同时加重固有的经济结构性问题。

一是伊拉克经济高度依赖石油工业，石油行业占 GDP 的比重接近一半，贡献超过 90% 的财政收入。农业和旅游业饱受战争影响，国内约 170 万难民尚未得到安置，北部一度被恐怖极端势力占领的地区，农产品产量较战前下降了 40%，旅游业几乎停滞。疫情导致南部纳杰夫省宗教圣地的朝圣和旅游人数锐减。

二是基础设施落后、法律及金融体系不完善等问题制约非石油行业发展。战争费用和公共部门工资占据大量财政空间、资本大量外流、金融系统落后等问题共同导致生产性建设和基础设施投资不足。世界银行《2020 年营商环境报告》显示，伊拉克的营商环境在 190 个经济实体中排名第 172 位。

三是在非石油行业，伊拉克本地民营公司多为个体或小微企业，实力薄弱，效率不高，不仅受到国营公司的挤压，而且在与伊朗、土耳其和海湾地区外国商人或公司的竞争中处于下风。

（三）伊拉克商业合作环境预测

伊拉克油气资源丰富，石油和天然气剩余探明可采储量分别列世界第 5 位和第 12 位。为重建石油工业，2009 年至今，伊拉克共组织了 5 轮油气区块国际招标，吸引了包括中国石油、中国海油等中国企业和国际石油公司参与上游油气投资。伊拉克采用技术服务合同，具有投资回收快和低油价下收益较为稳定的优势，不过总体投资回报水平较低。

2018 年 10 月，伊拉克资深石油专家加德班再度出山，出任伊拉克能源副总理兼石油部部长。加德班是 2003 年伊拉克战后石油工业恢复的主要领导者、2006 年伊拉克《石油天然气法草案》的核心起草人、伊拉克国家能源战略和中长期石油生产战略目标的策划制定者之一，多次担任伊拉克石油部长和伊拉克驻欧佩克代表。加德班强调“增产是伊拉克石油工业的第一要务”，除石油增产外，还将天然气生产提上重要日程，用于发电、生产石化产品和加工液体燃料。

2019 年 3 月，伊拉克启动巴士拉天然气液化厂项目、库尔德地区 Khor Mor 气田开发项目和哈法亚天然气处理厂项目 3 个新的天然气项目，将天然气日处理能力提高至 3398 万立方米。2020 年 1 月底，伊拉克内阁批准以天然气开发为主的第五轮 6 个勘探招标合同，标志着石油工业下一步发展重点将转向天然气生产。

尽管油价暴跌迫使各大石油公司削减投资，伊拉克原油极低的开发成本仍然具有竞争优势和投资吸引力。2020 年 4 月欧佩克减产协议到期后，伊拉克有望大幅提高原油产量。国际能源署（IEA）预测，2021 年伊拉克原油产能可能超过 500 万桶/日，2030 年可能增至 590 万桶/日，成为世界第三大产油国和主要石油出口国。

伊拉克油气合同一般由外国投资者担任作业者，国际石油公司能够更好地发挥技术、人才和资金的综合优势。伊拉克是已发现常规油气田新项目规模最大的国家，虽然已将大量油气田交由国际石油公司运作，但仍有 70 万桶/日的产量掌握在伊拉克政府手上，且上产潜力很大。当前，伊拉克正重点推动天然气和勘探领域的国际合作。

但是多年来，伊拉克的营商环境改善缓慢，特别是伊拉克的腐败、安全形势、政策稳定性等问题，一些西方石油公司的增产目标开始遇到瓶颈。

［**案例** 6-9］

埃克森美孚试图通过一般海水供应工程为南部的巴士拉地区六个大型油田注水以提高产量，但经过了两年多的谈判，再次失败。另一些西方石油公司甚至萌生了退意，壳牌在 2017 年退出巨型油田马杰努油田的开发。伊拉克原油日产量 550 万桶的目标难以实现。油价走高虽然帮助伊拉克政府缓解了窘迫的财务状况，但产量目标若不能实现，政府财政收入前景难言乐观。

（四）中伊合作前景预测

中国企业是 2003 年战后第一批重返伊拉克石油行业的外国企业，十多年来取得了非凡成就，为伊拉克石油工业迅速发展作出巨大贡献。

1958 年 8 月 25 日，中国与伊拉克建交。近年来，随着两国油气和经贸合作的深入，两国关系日益密切。自 2013 年习近平主席提出“一带一路”倡议以来，伊拉克积极支持全力参与，希望加快加入亚洲基础设施投资银行的进程。2015 年 12 月 22 日，伊拉克时任总理阿巴迪访华之际，两国发表联合声明，将两国关系升级为战略伙伴关系。期间，中国和伊拉克签署了有关石油和天然气的谅解备忘录，承诺“建立能源领域特别是油气领域长期全面的战略合作关系”。两国承诺扩大对能源领域投资，深化在原油贸易、油气资源勘探开发、油田工程技术服务、储运设施建设等领域合作。中方还承诺，在“一带一路”框架内，帮助伊拉克加强能源、电力、通信、基础设施等领域的重建。2019 年 9 月，习近平主席在会见伊拉克总理迈赫迪时指出，中伊传统友谊深厚，在新的历史起点上，中方愿同伊方一道，推动中伊战略伙伴关系不断迈上新台阶。迈赫迪表示，伊方愿在共建“一带一路”框架内深化两国各领域务实合作。

点评：

中国企业在伊拉克承包工程已具有深厚的基础。

在勘探开发领域，中国国有企业带动民营企业共同发展。中国石油在哈法亚和艾哈代布项目上充分发挥作业者作用，在鲁迈拉和西古尔纳Ⅰ项目上与伙伴密切合作，成为伊拉克最大的外国石油投资者。中国海油担任作业者运营米桑项目，中国石化通过收购 Addax Petroleum 参与库尔德地区 Taq Taq 项目。近期，中国民营企业成功进入上游勘探开发领域。

在工程技术领域，中国企业不断扩大业务规模。中国石油、中国海油充分发挥一体化优势，旗下工程技术、工程建设队伍不仅为本公司投资作业的勘探开发项目提供服务保障，而且在伊拉克国家石油公司（INOC）和国际石油公司投资运营的马季努、格拉芙油田项目展现出卓越的市场竞争能力。中曼石油、安东油田技术、百勤油服等民营油服公司先后进入伊拉克中部和南部市场，为国际石油公司投资运营的西古尔纳二期、鲁迈拉、马季努、祖拜尔、格拉芙等油田项目提供钻修井、录井、酸化压裂等一系列油田技术服务。2018 年 5 月，安东油田技术公司赢得伊拉克国家石油公司巴士拉石油运营的马季努油田一体化管理项目 2 年服务合同，并于近期续约 1 年，服务能力得到广泛认可。

(五) 中国石油企业的应对策略

作为伊拉克最大的外国投资者之一，中国石油企业在伊拉克中南部和东北部有大量资产、设备和人员，需要对伊国内投资经营环境作出准确判断，针对情况变化作出及时有效的应对。

1. 抓住伊拉克政府放权让利的好机会

伊拉克政府一旦修改石油法律法规，中国石油企业在伊拉克的现有合同和投资就将受到一定程度的直接影响。在大方向上，旨在放权让利的法律法规调整对中国石油企业是巨大的利好，不仅有利于提高企业现有投资的回报，而且可以消除或部分消除向库尔德地区投资的法律障碍。在执行层面，法律制度改革期往往伴随阶段性混乱，这种混乱在伊拉克这样一个社会制度不成熟、国内矛盾尖锐的国家可能更强烈，持续时间更长，权力增加的地方省政府是否具备组织石油开发的能力尚未可知。因此，新模式在正反两方面的影响幅度有多大，在新模式下的后续投资经营计划应如何调整，如何准备与伊拉克石油投资管理当局进行合同谈判，如何与地方政府和其他利益相关者打交道，都是中国石油企业必须提前思考和周密准备的问题。

2. 妥善处理与国际石油公司的关系

进入伊拉克市场以来，中国石油企业与国际石油公司或是联合投资，或是分工作业，利益联系较为紧密，合作关系相对融洽。随着伊拉克投资经营环境的变化，国际石油公司在伊拉克的策略也会发生变化，它们是否会与中国石油企业继续保持现有合作关系，在考虑新项目时它们将中国石油企业视为伙伴还是对手，都会对中国石油企业的情况产生重大影响。

3. 以出口通道为线索把握政治经济格局

目前，伊拉克的产能建设速度已经高于出口能力建设速度。无论是对伊拉克政府还是对国际投资者来说，伊拉克国内油气开发的重心已经向争夺出口通道方向倾斜，如何将开采出来的石油顺利出口获利已经成为最重要的问题。

伊拉克现有的南部出口通道（经波斯湾出口）、北部出口通道（经地中海出口）和未来可能建成的西南部出口通道（经红海出口）分别涉及伊朗、土耳其和沙特这三个地区大国的利益，伊拉克政府和国际投资者将不仅仅单纯从经济和技术角度对这三个通道进行使用、暂停或扩容。因此，了解这三条出口通道的态势对理解和把握伊拉克政治经济格局至关重要。

4. **做好政治风险监测分析工作**

伊拉克是全球政治风险最高的国家之一，甚至已经成为国际力量和地区势力角逐的舞台。在这样的国家投资经营必须做好政治风险监测评估工作，随时根据情况变化作出策略调整。

此外，由于目标和对未来的预期不同，中央政府与库尔德地区政府之间的分歧和矛盾将持续存在，和解与冲突反复出现的可能性极大。中国石油企业需要对库尔德地区的现有业务和投资机会作出审慎权衡和稳妥计划。

（六）投资机会及建议

伊拉克是全球油气资源最富集的地区之一，国家加大油气行业投入和对外油气合作的意愿强烈。在能源低碳的大趋势下，由于优越的自然禀赋和较低的开发成本，伊拉克在全球油气市场仍具有较强的竞争力。近年来，在“一带一路”倡议和资源国“向东看”战略调整的推动下，中国与伊拉克战略合作关系不断升级，为中国石油企业在当地开展油气合作提供了有利的外部环境。未来中伊在勘探开发、天然气利用、炼油化工、原油贸易、工程技术服务以及基础设施等领域合作空间广阔。同时，我们有以下建议：

1. **加强地区政治安全风险防控**

受大国地缘博弈、地区强国抗衡、宗教民族争斗、恐怖袭击威胁等因素影响，伊拉克的政治和安全局势持续动荡，给新项目开发和日常生产运营带来较多不确定性。石油企业需要加强风险管理，做好对地区热点问题及形势发展的持续跟踪，系统开展政治安全风险识别和预警，制订重大政治和安全风险应对预案，建立完善的风险防控体系，保障油气合作趋利避害，防患于未然。

2. 提升国际运营管理水平和核心竞争力

伊拉克开展国际油气合作历史悠久，在国际石油公司的推动下，伊拉克在财税、技术、管理等方面形成了较先进的油气行业标准和体系，是公认的油气“高端市场”，对开展油气投资的公司也提出了较高的要求。面对与国际一流公司的同台竞技，中国企业需要苦练内功，打造技术、商务、管理、人才等方面的核心竞争力。

3. 注意把握低碳能源趋势下的发展机会

在能源低碳的大趋势下，天然气成为全球油气行业一致的发展重点，伊拉克也在顺应潮流，低碳转型趋势明显，天然气全产业链的合作机会增多。中东地区资源国普遍重视通过勘探支撑上产和保障资源接替，不断推出新的勘探合作区块，但品质差异较大，需要提前加强区域勘探机会研究。在复杂环境下，作业能力较强的中国石油企业可以更多关注大规模作业者项目的合作机会。

Chapter 7

第七章

工程建设企业合规管理体系建立指南

一、合规管理的内部环境

合规管理是一种风险管理活动，是境外施工企业对业务活动是否遵守所在国（地区）法律、法规规定、规则、行业自律等的一种鉴证行为。

合规管理的内部环境是其他所有风险管理要素的基础，为其他要素提供规则和结构。内部环境的要素包括：合规管理的目标和基本原则；企业文化和公司战略；管理层的理念和经营风格；公司组织架构及其岗位职责；员工的诚信、道德价值观和胜任能力。

（一）合规管理的目标

建立健全合规风险管理体系，实现合规风险的有效识别和管理，促使境外施工企业全面风险管理体系的建设，确保企业依法合规经营。

（二）合规管理的基本原则

（1）客观性原则。合规人员应当依照相关法律、法规对违规事实进行客观评价。

（2）独立性原则。合规部门在企业中应当有独立地位，合规管理应当独立于其他各项业务经营活动。

（3）专业性原则。合规人员应当熟悉公司业务制度，了解公司内各业务环节的专业知识和业务流程，并准确理解和把握法律法规的规定和变动趋势。

（4）公正性原则。合规人员在对业务部门进行检查时，应当坚持统一标准对违规行为及相关风险进行评估和报告。

（5）协调性原则。合规人员应当正确处理与公司其他部门及监管部门的关系，努力形成公司的合规合力，避免内部损耗。

（6）全面性原则。企业合规管理应覆盖所有境外业务领域、部门和员工，贯穿决策、执行、监督、反馈等各个环节，体现于决策机制、内部控制、业务流程等各个方面。

二、合规管理机构的设置及职责

（一）合规管理机构的设置

企业可根据业务性质、地域范围、监管要求等设置相应的合规管理机构。合规管理机构一般由合规委员会、合规负责人和合规管理部门组成。尚不具备条件设立专门合规管理机构的企业，可由相关部门（如法律事务部门、风险防控部门等）履行合规管理职责，同时明确合规负责人。

1. 合规委员会

企业可结合实际设立合规委员会，作为企业合规管理体系的最高负责机构。合规委员会一般应履行以下合规职责：

（1）确认合规管理战略，明确合规管理目标。

（2）建立和完善企业合规管理体系，审批合规管理制度、程序和重大合规风险管理方案。

（3）听取合规管理工作汇报，指导、监督、评价合规管理工作。

2. 合规负责人

企业可结合实际任命专职的首席合规官，也可由法律事务负责人或风险防控负责人等担任合规负责人。首席合规官或合规负责人是企业合规管理工作具体实施的负责人和日常监督者，不应分管与合规管理相冲突的部门。首席合规官或合规负责人一般应履行以下合规职责：

（1）贯彻执行企业决策层对合规管理工作的各项要求，全面负责企业的合规管理工作。

（2）协调合规管理与企业各项业务之间的关系，监督合规管理执行情况，及时解决合规管理中出现的重大问题。

（3）领导合规管理部门，加强合规管理队伍建设，做好人员选聘培养，监督合规管理部门认真有效地开展工作。

3. **合规管理部门**

企业可结合实际设置专职的合规管理部门，或者由具有合规管理职能的相关部门承担合规管理职责。合规管理部门一般应履行以下合规职责：

（1）持续关注我国及业务所涉国家（地区）法律法规、监管要求和国际规则的最新发展，及时提供合规建议。

（2）制定企业的合规管理制度和年度合规管理计划，并推动其贯彻落实。

（3）审查评价企业规章制度和业务流程的合规性，组织、协调和监督各业务部门对规章制度和业务流程进行梳理和修订。

（4）组织或协助业务部门、人事部门开展合规培训，并向员工提供合规咨询。

（5）积极主动识别和评估与企业境外经营相关的合规风险，并监管与供应商、代理商、分包商、咨询顾问和承包商等第三方相关的合规风险。为新业务的开发提供必要的合规性审查和测试，识别和评估新业务的拓展、新客户关系的建立以及客户关系发生重大变化等所产生的合规风险，并制定应对措施。

（6）实施充分且具有代表性的合规风险评估和测试，查找规章制度和业务流程存在的缺陷，并进行相应的调查。对已发生的合规风险或合规测试发现的合规缺陷，应提出整改意见并监督有关部门进行整改。

（7）针对合规举报信息制定调查方案并开展调查。

（8）推动将合规责任纳入岗位职责和员工绩效管理流程。建立合规绩效指标，监控和衡量合规绩效，识别改进需求。

（9）建立合规报告和记录的台账，制定合规资料管理流程。

（10）建立并保持与境内外监管机构日常的工作联系，跟踪和评估监管意见和监管要求的落实情况。

（二）合规管理部门的设置方式

合规管理部门是负责施工企业合规工作的具体组织和执行部门，依照所规定的职责、权限、方法和程序独立开展工作，负责公司各部门和全体员工的合规管理工作，合规管理部门对公司高层负责。

合规管理部门人员应具备较高的思想素质和法制观念，坚持原则、忠于职守、廉洁奉公、公正无私，并具备相应的专业知识。合规管理部门必须制定相应的人员岗位责任制，明确任务，落实责任。合规管理部门工作人员同样应遵守公司各种规章制度和规定。合规管理部门依据国家及有关部门的法律法规、公司章程、公司内部管理制度和承包合同，在所赋予的权限内，按照所规定的程序和方法，对行为对象进行客观公正的检查监督并提出处理建议。

合规管理部门的设置有如下几种类型，每种类型都有各自的优缺点。企业应根据公司业务类型、组织结构、组织资源等因素选择合规管理部门的设置。参见表 7–1。

表 7-1　合规管理部门的设置

序号	类型	特　　点
1	合规管理部	在企业内部建立一个专业的合规管理部门，任命首席合规官作为合规管理总负责人。 优点：企业合规管理部门的独立性强，合规团队专业能力强，合规工作也做得相对专业。 缺点：要求企业投入大量的资金、人力等资源；对合规管理人员职业技能要求高，既要懂合规专业知识，又要懂具体的业务知识；合规管理部门与其他部门之间的沟通协调能力也要求较高。
2	法务合规部	把法务部或者法律事务部的管理职能与合规部门管理职能统一到法务合规部门职能之中，由法务合规部对企业的法律事务工作和合规管理工作进行统一管理。 优点：部门设立相对容易，投入成本相对较低，公司在设立合规管理部门时可以利用公司现有的法务部门的资源，因为大多数公司在成立合规部之前都有法务部门。另外，合规管理工作与法务部工作配合容易，因为合规管理部门有效开展工作的前提须对外部法律法规、监管等规定有正确的理解，在相同领导的情况下，合规管理部门与法务部门之间的沟通也相对顺畅。 缺点：按照这样的方式设置合规管理部门，开展工作时与其他部门的沟通协调要求较高，需要合规管理部门与业务部门密切配合，合规管理人员职业技能要求高，既要懂合规专业知识，又要懂具体的业务知识。
3	审计合规部	合规部与审计部结合形成审计合规部。 优点：便于企业对合规风险进行管理，企业可以通过较少的投入达到合规管理的目的。 缺点：独立性不强，适用于业务单一且面临合规风险较低的企业。以生产汽车为主的北京奔驰汽车就采用了此类型。

续　表

序号	类型	特　　点
4	风控合规部	融合了公司治理、风险控制与合规管理。 优点：大大提升了合规管理部门整合公司资源的能力，有很强的独立性，方便了合规部门与风险管理部门的沟通，合规部门在进行合规风险评估时可以和风控部门结合起来共同开展工作，实现风险管理工作成果共享。 缺点：对合规部的领导力提出了很高的要求，同时也需要企业提供较多的资源支持，还需要与法务部门等其他部门加强沟通，平衡业务与合规风险管理的关系。
5	其他	具体根据公司业务类型、组织结构、组织资源而定。 如英国石油公司（BP）在集团层面设置“道德与合规部”进行合规管理，同时配以法律各领域专家提供日常的法律专业支持，来保证 BP 各部门的合规专业有效运行。 BP 公司除了在道德与合规部门工作的全职合规工作人员之外，在每个业务与职能部门及其每一个下属地区部门，都有一位部门领导兼任本部门的“道德与合规联络人”。其职责是确保各项合规制度在本部门的有效实施，并且就日常工作中的合规问题进行处理和解答。这种安排能够有效提高本部门领导的合规意识，以及高效率解决日常合规问题。

三、企业内部的合规管理体系

（一）董事会的合规责任

董事会作为决策层应以保证企业合规经营为目的，通过原则性顶层设计，解决合规管理工作中的权力配置问题。

董事会负责企业整体风险的预防和控制，审核、监督公司风险控制制度的有效执行，可以下设合规与风险管理委员会，负责对企业国内施工承包及境外施工经营的风险控制及合法合规进行审议、监督和检查，草拟企业风险管理战略，评估企业风险管理状况。

董事会对企业的合规管理承担最终责任，履行以下合规职责：

（1）审核批准合规政策，监督合规政策的实施，并对实施情况进行年度评估。

（2）审核批准公司年度合规报告，对年度合规报告中反映出的问题，采取措施解决。

（3）根据总经理提名决定合规负责人的聘任、解聘及薪酬事项。

（4）决定公司合规管理部门的设置及其职能。

（5）保证合规负责人独立与董事会、董事会相关委员会，如审计委员会或者其他专业委员会沟通。

（6）公司章程规定的其他合规责任。

（二）监事会的合规责任

为了完成合规监督职能，监事会不仅要进行会计监督，而且要进行业务监督。不仅要有事后监督，而且要有事前和事中监督（即计划、决策时的监督）。监事会对经营管理的合规方面监督包括以下方面：

（1）对企业董事、总经理和其他高级管理人员执行公司职务时违反法律、行政法规或者公司章程的行为进行监督并有权通知他们停止其非合规行为。

（2）随时调查企业的合规执行状况，审查合规体系文件、合规记录和合规报告，并把审核意见向董事会报告。

（3）当监事会认为有必要时，一般是在企业出现重大问题时，可以提议召开股东会。

（三）管理层的合规责任

（1）企业的高级管理层应分配充足的资源建立、制定、实施、评价、维护和改进合规管理体系。

（2）管理层人员应当熟悉工程建设相关法律、行政法规及国际性组织的监管要求，依法合规、勤勉、审慎地行使职权。管理层人员应当维护企业的统一性和完整性，在其职权范围内对企业经营活动进行独立、自主决策，不受他人干预，不得将其经营管理权让渡给股东或者其他机构和人员。

（3）管理层人员应当根据企业经营环境的合规要求，督促和落实合规责任体系建立和运行。

（4）管理层人员应当构建企业自身的合规文化，保持企业内部机构和人员合规责任体系、合规报告路径的清晰、完整，不得违反规定的报告路径，防止在内部责任体系、报告路径和内部员工之间出现割裂的情况。

（四）合规管理部门的合规责任

（1）协助领导构建企业合规管理体系，制订、修订企业的合规手册和其他合规风险管理规章制度；

（2）起草年度合规管理计划；

（3）主动识别、评估、监测和报告合规风险；

（4）负责各项具体合规工作方案的拟定，使合规工作顺利展开；

（5）起草合规报告；

（6）参与新业务的开发，识别、评估合规风险，提供合规支持；

（7）违规事件的调查处理，起草违规处理决定；

（8）梳理企业内控流程，提出相关改进建议；

（9）审查企业内部管理制度、业务规程，提供合规改进建议；

（10）组织合规培训并向企业员工提供合规咨询；

（11）跟踪法律法规、监管规定和行业自律规则的变动、发展，并根据其有关要求提出制订或者修改企业内部规章制度的建议；

（12）领导指派的其他工作及其他相关辅助。

（五）合规管理的主要内容

企业应以倡导合规经营价值观为导向，明确合规管理工作内容，健全合规管理架构，制定合规管理制度，完善合规运行机制，加强合规风险识别、评估与处置，开展合规评审与改进，培育合规文化，形成重视合规经营的企业氛围。

1. 合规管理的主要活动

合规管理旨在构造企业监督系统，对企业的决策系统和执行系统进行全程、动态的合规监控，监控的对象覆盖企业经营管理的全部内容，主要包括：

（1）定期学习法律、法规，传达监管要求，营造企业合规文化，提高员工合规意识；

（2）审核业务合同、各部门的制度和工作流程；

（3）依据合规要求，检查和评估日常经营管理活动的合规性；

（4）梳理整合各项法律法规、规章制度，开展合规培训；

（5）为新的承包合同提供合规支持；

（6）开展法律咨询，协同处理企业法律纠纷及其投诉。

2. 合规文化

合规文化建设是合规风险管理的一部分，同时也是企业文化建设的一部分。如果企业上下所有员工都严格遵守高标准的道德行为准则，那么该合规风险的管理就是最为有效的。

在企业内部要形成浓厚的合规文化，做到人人合规。所有员工都要有足够的职业谨慎，具有诚信正直的个人品行以及良好的风险意识和行为规范。企业内部要具有清晰的责任制和问责制，以及相应的激励约束机制，形成所有员工理所当然要为他从事的职业和所在岗位的工作负责任的氛围，进而逐步形成工程建设企业的合规文化。企业加强合规文化建设应从以下四个方面努力：

（1）管理层的重视。

（2）全员合规理念的建立，一定要改变“钻政策空子”“打擦边球”的观念，打消侥幸心理。

（3）合规部门与其他部门的配合、信息交流，实现资源共享，协同作战。

（4）有效落实合规考核机制。

3. 合规政策

合规政策是企业体现合规理念，培育合规文化，制定实现合规目标的纲领性、指示性的文件，对企业开展合规工作提出原则性要求。其内容包括：

（1）合规政策的制定。

企业的高级管理层（合规委员会）负责制定书面的合规政策，并根据合规风险管理状况以及法律、规则、准则及项目所在地的政策、宗教和文化环境的情况适时修订合规政策，报经董事会审议批准后传达给全体员工，定期评价各项合规政策和执行状况；若发现重大的合规问题，管理层必须立即向董事会汇报。

（2）进一步明确合规管理部门的职能。

为确保合规管理部门能在公司合规管理中充分发挥作用，对合规管理部门的责任至少应明确：①合规管理部门的功能和职责；②合规管理部门的权限；③合规负责人的合规管理职责；④保证合规负责人和合规管理部门独立性的各项措施，包括确保合规负责人和合规管理人员的合规管理职责与其承担的任何其他职责之间不产生利益冲突等；

⑤合规管理部门与其他部门之间的协作关系；⑥设立分支机构合规管理部门或项目部合规管理部门的原则。

（3）合规政策的落实。

①高级管理层：负责贯彻执行合规政策，确保发现违规事件时及时采取适当的纠正措施，并追究违规责任人的相应责任。

②企业职能部门及各项目部：遵循企业合规政策，研究制定本部门或本项目决策和运作的各项制度流程并组织实施，定期对本部门或项目的合规风险进行评估，对其合规管理的有效性负责。

③合规管理部门：作为合规风险的日常管理部门，主要负责识别、评估和监控合规风险，并向管理层和董事会提出合规建议和报告。

4. 合规审核

通过审核，把外部监督可能发现的问题及时在内部发现并进行有效的处理，以减少企业损失和可能受到的处罚。

合规审核的程序一般包括：制定合规审核机制、合规审核调查、合规审核评价，具体内容见表 7-2。

表 7-2　合规审核的程序及内容

程序	内　容
制定合规审核机制	制定合规审核计划，需要列出审核的目标、步骤和流程。
合规审核调查	合规人员开展内部合规审核时，可能出现内部人员不配合、刻意隐瞒实情的情况，需要合规部门人员进行审核调查，但审核调查手段不能干扰企业或项目日常的运作。
合规审核评价	合规审核工作需要进行阶段性的评估，可以由内部或外部人员进行，最终目的是改进合规部门的工作。

5. **合规审计**

企业合规管理职能应与内部审计职能分离。企业审计部门应对企业合规管理的执行情况、合规管理体系的适当性和有效性等进行独立审计。审计部门应将合规审计结果告知合规管理部门，合规管理部门也可根据合规风险的识别和评估情况向审计部门提出开展审计工作的建议。

6. **合规检查**

合规检查的主要目标是制度、程序和流程的执行情况，合规检查主要看企业各个层面，特别是施工项目部是否落实了合规要求，检查要点：

（1）企业各个层面是否按照相关法律法规和企业章程的规定履行职责，合规记录是否真实、准确、完整，是否按规定存档。

（2）合规问题的整改情况及违规责任人的处理情况。

（3）风险管理制度是否涵盖了不同风险控制环节。

（4）其他有需要检查的内容。

7. **合规培训**

企业应将合规培训纳入员工培训计划，培训内容需随企业内外部环境变化进行动态调整。境外经营相关部门和境外分支机构的所有员工，均应接受合规培训，了解并掌握企业的合规管理制度和风险防控要求。决策层和高级管理层应带头接受合规培训，高风险领域、关键岗位员工应接受有针对性的专题合规培训。合规培训应做好记录留存。合规培训的内容有（不限于）：

（1）企业内部的员工守则和各项业务的合规制度。

（2）国际商业公约及项目所在国特定合规要求。

（3）境内外合规案例警示教育。

8. 合规汇报、举报与投诉

合规负责人和合规管理部门应享有通畅的合规汇报渠道。合规管理部门应当定期向决策层和高级管理层汇报合规管理情况。汇报内容一般包括但不限于合规风险评估情况，合规培训的组织情况和效果评估，发现的违规行为以及处理情况，违规行为可能给组织带来的合规风险，已识别的合规漏洞或缺陷，建议采取的纠正措施，合规管理工作的整体评价和分析等。

如发生性质严重或可能给企业带来重大合规风险的违规行为，合规负责人或合规管理部门应当及时向决策层和高级管理层汇报，提出风险警示，并采取纠正措施。

企业应根据自身特点和实际情况建立和完善合规信息举报体系。员工、客户和第三方均有权进行举报和投诉，企业应充分保护举报人。

合规管理部门或其他受理举报的监督部门应针对举报信息制定调查方案并开展调查。形成调查结论以后，企业应按照相关管理制度对违规行为进行处理。

各层级人员对违规行为应有制止的义务，企业应有合规投诉处理的渠道和制度，合规投诉处理的流程为接收、审议、改进、反馈。合规投诉处理的措施包括：

（1）建立合规投诉渠道。

（2）建立合规投诉的管理办法或处理流程等制度。其中建议含保密、奖励等内容。

（3）规定相关处理极限范围、处理流程与时限等。

9. 合规考核

合规考核应全面覆盖企业的各项管理工作。合规考核结果应作为企业绩效考核的重要依据，与评优评先、职务任免、职务晋升以及薪酬待遇等挂钩。

境外经营相关部门和境外分支机构可以制定单独的合规绩效考核机制，也可将合规考核标准融入总体的绩效管理体系中。考核内容包括但不限于按时参加合规培训，严格执行合规管理制度，积极支持和配合合规管理机构工作，及时汇报合规风险等。

（1）建立考核目标。

企业应在相关部门和各层级建立合规目标作为考核依据。

企业策划如何实现合规目标时，应确定：

——做什么；

——需要什么资源；

——谁负责；

——何时完成；

——结果如何评价。

（2）建立员工合规操守考核制。

制订包括合规操守、合规业绩考核在内的绩效管理体系。每年初根据境外企业项目建设和生产经营的实际，制定考核指标并与主要负责人签订责任书，采取“月度通报、季度考核、半年小结、年度清算”考核机制，年底根据完成情况进行考核，合规业绩考核结果与企业工资总额、领导班子成员年薪和领导班子成员任职评价“三挂钩”。通过加强合规绩效考核，充分调动企业合规经营的积极性，促进资产的保值增值。将考核结果纳入年度绩效考核，与绩效工资挂钩，帮助员工提高合规意识，确保员工日常行为合规，遵守企业合规要求。

（3）建立违规问责制度。

对于发现的违规事件，要严格认定和追究违规行为人的责任，并采取有效的纠正措施，及时优化经营管理流程和修订相关规章制度，切实消除违规事件产生的影响。

10. **合规评价**

企业应定期对合规管理体系进行系统全面的评价，发现和纠正合规管理贯彻执行中存在的问题，促进合规体系的不断完善。合规管理体系评价可由企业合规管理相关部门组织开展或委托外部专业机构开展。

企业在开展效果评价时，应考虑企业面临的合规要求变化情况，不断调整合规管理目标，更新合规风险管理措施，以满足内外部合规管理要求。

（1）建立法律法规及其他要求适用表。

合规性评价的基础工作是建立适用的法律、法规及其他要求清单。

· 立法机构和监管机构的法律、规则和准则；

· 市场惯例；

· 行业协会的行业规则；

· 内部职员行为准则；

· 诚实守信和道德行为准则。

（2）建立法律法规及其他要求合规性评价表。

（3）进行合规性评价。

①归口管理部门；

②评价频次；

③评价人员；

④评价依据；

⑤评价内容；

⑥评价记录；

⑦不合规处置。

（4）提出改进方法。

①企业合规性评价和改进建议表。

②撰写企业规章制度的修改建议书。

· 如果企业的规章制度体系文件与现行的法律法规有冲突，则必须对规章制度体系进行修改。

· 应该通过与有关部门的沟通，了解企业规章制度这样规定的原因，并探讨有无可能做出既合乎技术原理又合乎法律法规的方法。

· 在建议书中，必须写明既有文件的哪一部分与法律法规存在冲突，并给出修改意见。

四、合规管理中的风险控制方法

合规风险是指企业或其员工因违规行为遭受法律制裁、监管处罚、重大财产损失或声誉损失以及其他负面影响的可能性。

合规管理部门应深入调查、梳理各操作岗位的工作规程，研究各岗位原有的内控风险、管理体系风险及法律风险，针对各环节隐藏的或者有可能发生的合规风险进行系统排查，并梳理成全面的合规管理风险。参照国家的法律法规、有关政策和行业标准规范，结合企业实际运营的情况，整理各业务领域需要遵守的法律法规和其他标准，结合上述排查的合规管理风险，细化业务操作标准，量化要求。其后，强调风险提示，列出哪些岗位会出现风险操作、风险级别、业务流程环节中容易出现风险的操作点以及风险控制措施，便于业务操作人员在工作中能够有意地避开风险操作点，提高风险意识，加强自身责任感。这是企业达成合规要求、实现合规经营的根本策略。

整个风险管理过程是一个闭环系统（见图7-1），随着风险应对策略的实施及风险监控过程中内外部环境或工作内容的变化，风险会出现许多变化，这些变化的信息可及时反馈，新的风险识别就能及时地对新情况进行风险评估和分析，从而调整并实施风险应对策略。这样循环往复，保持风险管理过程的动态性就能达到风险管理的预期目的。

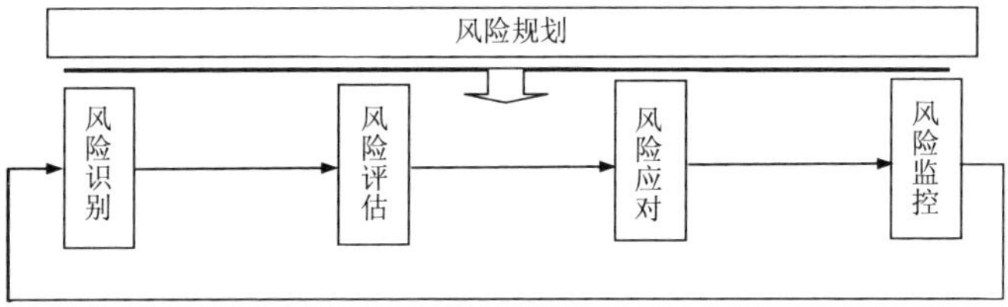

图7-1 企业风险管理的全过程

（一）风险规划

风险规划是定义如何实施合规风险管理活动的过程，合规部门应该根据企业的业务类型、实施环境和人员特点，制定风险管理规划文档，即风险管理计划。该计划要与业务内容（如所承包的项目类型、项目战略优先级等）对企业和其他相关方的重要程度相匹配，其中特别需要注意的是业务（如工程项目承包）实施过程中关键相关方（如工程所在地政府、业主及企业自身领导层）对合规风险的容忍程度。

风险规划的内容应包括：

（1）确定合规风险管理的领导者和团队，明确其职责；

（2）确定合规风险管理活动所需资金及应急储备和管理储备的使用方案；

（3）确定在项目生命周期中实施合规风险管理过程的时间和频率；

（4）确定合规风险的分类方式和风险分解结构；

（5）记录各相关方的风险偏好度和风险临界值；

（6）根据具体的项目对风险的概率和影响进行定义；

（7）风险登记册、风险报告以及项目风险管理过程中的文档要求及内容格式等。

合规风险管理活动应纳入日常工作范畴，是合规管理工作的最重要组成部分。同时，企业应在合规风险规划阶段对各类相关人员做好合规培训工作。培训对象和内容见表7-3。

表7-3 企业合规培训对象和培训内容

序号	培训对象	培训内容
1	企业高层、高级合规官	如何建立企业合规管理体系
2	合规管理团队成员	合规管理团队的职责、应知应会等
3	从事境内经营的工程建设企业所有人员	境内合规要求、制度
4	从事境外经营的工程建设企业所有人员	境外合规要求、制度

可采取现场培训、书面培训、网络培训相结合的形式，由合规管理部门制定年度合规培训计划，由各业务部门提出培训需求，以工作的实际需要为出发点，与岗位紧密结合，根据年度培训计划、国家政策法规的变化及企业业务发展需要实施培训，有计划、有目的地组织各种形式的合规培训，强化合规经营理念。

（二）风险识别

企业应当建立必要的制度和流程（风险规划），识别新的和变更的合规要求。企业可围绕关键岗位或者核心业务流程，通过合规咨询、审核、考核和违规查处等内部途径识别合规风险，也可通过外部法律顾问咨询、持续跟踪监管机构有关信息、参加行业组织研讨等方式获悉外部监管要求的变化，识别合规风险。

企业境外分支机构可通过聘请法律顾问、梳理行业合规案例等方式动态了解掌握业务所涉国家（地区）政治经济和法律环境的变化，及时采取应对措施，有效识别各类合规风险。

企业的合规风险识别工作应该在整个经营过程中持续开展，并根据环境和业务特性的变化不断更新风险内容。

具体工程项目上的风险识别应以企业已识别的合规风险为基础，结合项目特性、所在地的环境（包含自然环境、社会环境、管理环境和作业环境）等因素，在合规管理部门的配合下，一同开展合规风险的识别。

可使用头脑风暴、核对单、访谈收集与风险相关的信息；通过根本原因、假设条件和制约因素、各种文件和 SWOT 等分析风险及其来源；召开专门的会议讨论和完善风险的识别。具体识别风险的方法见表 7–4。

表 7–4　常见风险识别方法

名称	方式	说　　明
调查法	访谈	约访专家、工程管理人员，或通过实地观察走访等识别潜在的风险。
	专家会议讨论	通过成立风险管理专家小组，召开会议，利用其专业知识和经验识别潜在的风险。

续 表

名称	方式	说　明
头脑风暴法	自由联想讨论	组织一群人自由联想、讨论，发表自己的观点或看法，互不强制干预对方。
核查法	核查表	将之前相似项目发生过的风险归纳总结列成清单，核查拟建项目是否存在该类风险。
分解法	工作分解法（WBS）	将复杂的整体工程进行系统分解（单项工程-单位工程-分部分项工程-工序），分析潜在的风险和损失。
	风险分解法（RBS）	将整个工程的风险从不同的方面或层次分类，再将大类风险分解为具体的子风险。
	WBS-RBS	将复杂的工程工作和风险分别分解成简单、易于理解的基本单元，再将其耦合形成 WBS-RBS 矩阵，找出可能的风险因素。
情景分析法	场景假设	设想同一环境不同情境下可能出现的风险及其带来的损失。
假设条件和制约因素分析	实施条件审查	每个项目及其项目管理计划的构思和开发都基于一系列的假设条件，并受一系列制约因素的限制。探索假设条件和制约因素的有效性，确定其中哪些会引发风险。从假设条件的不准确、不稳定、不一致或不完整，可以识别出威胁，通过清除或改变会影响项目或过程执行的制约因素，可以创造出机会。
流程图法	流程图	将项目划分为连续的作业流程，再将各个作业流程划分为若干个具体板块，分析各板块中潜在的风险。

续 表

名称	方式	说明
SWOT分析	多维度进行分析	对项目的优势、劣势、机会和威胁进行逐个检查。
文件分析	历史资料分析	通过对企业或项目以往文件的结构化审查，可以识别出一些风险。可供审查的文件包括计划、假设条件、制约因素、以往项目档案、合同、协议和技术文件。

1. 合规风险识别的领域

企业识别、分析和评估合规风险可以从重点领域、重点环节、重点人员三方面考虑，参见表7-5。

表7-5 企业风险识别的领域

序号	类别	具体内容
1	重点领域	市场交易、商业伙伴、安全环保、施工质量、劳动用工、财务税收、知识产权、反腐、诚信与反贿赂。
2	重点环节	重要决策事项事前合规审查。境外施工重大决策、重大合同、大额资金管控、境外子企业公司治理等。
3	重点人员	管理人员、高风险岗位、海外人员。

2. 合规风险识别的框架

全面识别合规风险一个良好的方法是通过风险分解（RBS）建立合规风险识别框架。

（1）合规风险 RBS 建议，参见表 7-6。

表 7-6　合规风险 RBS 建议

类别	需合规的内容或风险点
国际条约、惯例和协议合规风险相关的规定主要来自联合国（UN）、国际劳工组织（ILO）、世界知识产权组织（WIPO）、国际标准化组织（ISO）、社会责任国际（SAI）、国际商会（ICC）、世界银行（WB）、石油输出国组织（欧佩克）等	· 合同管理：FIDIC 条款、NEC 合同条款、JCT 合同条款、AIA 系列合同条件等； · 劳工权利：《国际组织劳工宪章》、《建筑业安全和卫生建议书》、《1990 年夜间工作公约》、SA 8000等； · 知识产权：《保护工业产权巴黎公约》《专利合作条约》《世界版权公约》等； · 环境保护：《生物多样性公约》《控制危险废物越境公约》《联合国气候变化框架公约》《巴塞尔公约》等； · 财务报告：COSO 全面风险管理框架、内部控制框架等； · 国际贸易：《国际贸易术语解释通则》《商业跟单信用证统一惯例》等； · 诚信与反贿赂：《世行诚信合规指南》《海外反腐败法案》等； · ……
国家（地区）性合规风险	· 美国的《海外反腐败法案》《针对机构实体联邦量刑指南》《萨班斯法奥克斯利法案》； · 美国的“长臂管辖”司法判例 ； · 所在国出于国家安全和国家利益作出的行政决定，如美国把华为公司列入出口管制“实体名单”； · 所在国及地区出入境相关规定； · 驻所在国使领馆的规定和要求； · ……

续 表

类别	需合规的内容或风险点
宗教、文化和习俗合规风险	· 基督教； · 伊斯兰教； · 佛教； · 当地的其他教派和习俗； · ……
国内施工企业涉及的主要法律、法规合规风险	1. 法律 《中华人民共和国建筑法》《中华人民共和国安全法》《中华人民共和国消防法》《中华人民共和国民法典》《中华人民共和国招标投标法》《中华人民共和国土地管理法》《中华人民共和国城乡规划法》《中华人民共和国环境保护法》《中华人民共和国环境影响评价法》《中华人民共和国保险法》《中华人民共和国劳动法》等。 2. 行政法规 《工程建设质量管理条例》《工程建设安全生产管理条例》《工程建设勘察设计管理条例》《中华人民共和国土地管理法实施条例》等。 3. 部门规章 《工程监理企业资质管理规定》《注册监理工程师管理规定》《工程建设监理范围和规模标准规定》《建筑工程设计招标投标管理办法》《房屋建筑和市政基础设施工程施工招标投标管理办法》《评标委员会和评标方法暂行规定》《建筑工程施工发包与承包计价管理办法》《建筑工程施工许可管理办法》《实施工程建设强制性标准监督规定》《房屋建筑工程质量保修办法》《房屋建筑工程和市政基础设施工程竣工验收备案管理暂行办法》《工程量清单计价规范》《工程建设施工现场管理规定》《建筑安全生产监督管理规定》《工程建设重大事故报告和调查程序规定》《城市建设档案管理规定》《增值税暂行条例实施细则》等。

续 表

类别	需合规的内容或风险点
国内外行业专业技术合规风险	指针对不同的行业、不同质量控制对象制定的专业技术规范文件。包括规范、规程、标准、规定等，如：工程建设项目质量检验评定标准，有关建筑材料、半成品和构配件质量方面的专门技术法规性文件，有关材料验收、包装和标志等方面的技术标准和规定，施工工艺质量等方面的技术法规性文件，有关新工艺、新技术、新材料、新设备的质量规定和鉴定意见等。
企业内部制度和流程合规风险	· 公司章程； · 公司制度和业务流程； · 工艺流程和操作手册； · ……

（2）全面风险识别 RBS 建议，见表 7–7 至表 7–18。

表 7–7　境外工程建设企业全面风险识别框架（RBS 0 级）

序号	层次	风险类型
1	国家层面	经济风险、政治风险、社会风险、自然风险、法律风险
2	项目层面	招投标风险、设计风险、施工风险、采购风险、业主方风险
3	企业层面	融资风险、资金风险、组织结构风险、人力资源管理风险

表 7-8 国家层面：经济风险清单（RBS 1～2 级）

序号	风险因素	风险源
1	经济发展	所在国经济 GDP 总量及发展趋势如何？经济产业结构是怎样的？经济发展规划和政策有哪些？
2	通货膨胀	所在国通货膨胀率是多少？是否得到有效控制？发展趋势如何？国家的货币政策如何？
3	政府财政和债务	政府财政收入、来源及占比是多少？政府财政收支情况如何？政府外债与内债情况如何？政府外汇收入、来源及储备情况如何？
4	市场竞争	政府投资和私人投资情况如何？市场竞争激烈情况如何？市场竞争者来自哪些国家？中国企业的市场份额、分布领域和竞争优势怎样？
5	汇率变化	所在国采用何种货币？是否是国际货币？与美元的兑换比率是否稳定？汇率的发展趋势怎样？
6	外汇管制	所在国是否是外汇管制国家？所在国的外汇储备怎样？外汇管制的对象是哪些？外汇管制的范围有哪些？
7	华人经济团体影响	所在国是否存在华人商会或经济团体？这些商会团体对所在国经济的影响力如何？与当地政府和社会组织团体的关系如何？
8	商业银行合作	所在国的主要商业银行有哪些？银行的资信、业务及收费、效率情况如何？外国人可否开立银行账号和可办理的业务情况有哪些？

表 7-9 国家层面：政治风险清单（RBS 1～2 级）

序号	风险因素	风险源
1	政治制度	所在国政治体制是哪种（民主共和制/君主立宪制）？所在国民主程度如何？是否存在以及存在多大程度的独裁？政治权力在各组织机构之间如何划分？
2	政党及政策	所在国的政党情况如何？是一党制、两党制还是多党制？主要政党有哪些？主要政党对国家政策和政治权力的影响怎样？执政党及其他政党对华态度怎样？
3	国家信誉	所在国的国际信誉如何？是否有国家信用评级？评级情况如何？
4	政府腐败	所在国政府廉洁情况如何？腐败行为严重程度如何？政府是否就腐败问题采取打击措施？政府打击力度和决心怎样？
5	政策连续性	国家政策是否稳定？近几届政府更迭过程是否稳定？新政府对原政府行为（各项政令及外交政策）继承是否完整及政策是否稳定？
6	政局稳定性	国家政局是否稳定？影响国家政局稳定的主要因素有哪些？
7	战争或内乱	所在国是否存在反政府武装或恐怖组织？其破坏活动近年来是否频繁？国家是否已采取军事行动？未来的安全形势会如何？
8	国家关系	所在国周边国家政局是否稳定？其与周边国家关系如何？国际上有无敌视国？中国在该国是否设有大使馆？其与中国合作情况如何？
9	舆论风险	我方在项目所在国设立的机构是否建立了舆情监控机制？
10	工程协会	所在国是否存在工程协会？工程协会的作用及其对市场的影响如何？

续 表

序号	风险因素	风险源
11	紧急事故应对	我方在所在国设立的机构是否建立了紧急情况的应对机制？包括哪些具体的应急保障措施？
12	项目安保	我方在所在国设立的机构是否建立了安全保障管理制度？当地是否有专业的安保公司？费用如何？当地政府可否提供安保力量？
13	市场歧视	建筑市场对外国承包商的态度如何？中资企业在当地受欢迎程度如何？

表 7-10 国家层面：社会风险清单（RBS 1～2 级）

序号	风险因素	风险源
1	民族冲突	所在国有多少民族？各民族之间的关系如何？主要民族占人口比例及其对国家政治、社会的影响如何？
2	宗教冲突	所在国有无宗教信仰？具体信仰哪些宗教？宗教之间的关系如何？宗教对国家政治、社会、文化等的影响程度如何？
3	风俗禁忌	所在国有哪些风俗习惯？禁忌有哪些？
4	法定假日	所在国有哪些法定节假日？法定假日多不多？节假日如何分布？
5	劳工素质	社会教育体系是否完善？教育是否普及？公民受教育程度如何？
6	交流障碍	所在国官方语言是什么？较为通行的外国语言有哪些？
7	医疗卫生	所在国医疗保障体制是否健全？医疗水平和伤病费用成本如何？
8	社会治安	社会治安状况如何？偷盗、抢劫等暴力犯罪率高不高？

表 7-11　国家层面：法律风险清单（RBS 1～2 级）

序号	风险因素	风险源
1	法制差异	所在国属于英美法系、大陆法系还是其他法系？
2	法制是否健全	所在国的国家立法程序如何？法制是否健全？基本法律有哪些？法律法规调整是否频繁？
3	公民法律意识	当地法律文件是否易于获取？公民法律意识怎样？公民犯罪率如何？
4	执法风险	所在国执法部门法律执行力度如何？执法是否公正？
5	司法风险	司法环境如何？司法是否公正？司法效率如何？诉讼成本如何？
6	国际法约束	是否与中国签订双边或多边条约？是否共同加入某种国际组织？
7	公司法风险	所在国关于公司设立及治理的相关法律法规有哪些？主要规定是怎样的？
8	进口管理	所在国对进口程序和手续有哪些规定？海关检查是否严格？清关效率怎样？
9	外籍劳务限制	所在国关于外籍劳务的法律法规有哪些？是否对外籍劳务有明确的限制？外籍劳务需要办理哪些签证和手续？
10	外商投资法	所在国关于外商投资的法律法规有哪些？主要规定是怎样的？
11	投标法规	所在国关于投标的法律法规有哪些？主要的规定是怎样的？
12	合同法	所在国关于合同的法律法规有哪些？主要的规定是怎样的？
13	劳动法	所在国关于劳动关系、职业安全健康的法律法规有哪些？主要的规定是怎样的？对工人加班的时间和费用有何规定？

续 表

序号	风险因素	风险源
14	税法风险	所在国关于税收制度的法律法规有哪些？主要规定是怎样的？税率如何？对外国承包商有无优惠？税法是否定期修改？
15	环保法	所在国关于环境保护的法律法规有哪些？主要规定是怎样的？对于破坏环境行为的惩罚是怎样的？
16	企业资质管理	所在国关于建筑企业资质管理的法律法规有哪些？主要的规定是怎样的？资质分为几类几级？资质申请的程序和所需的材料有哪些？
17	工程纠纷管理	所在国关于诉讼、仲裁等争议解决方式的相关法律法规有哪些？主要的规定是怎样的？
18	所在国仲裁机构	所在国仲裁机构有哪些？这些机构的国际影响力、公正性、收费情况如何？
19	国际仲裁有效性	所在国是否为纽约公约成员？外国仲裁裁决在该国承认和执行情况如何？
20	法律资源获取	所在国的法律资源如何？有无国际知名律所？本国律师的水平和能力怎样？律师收费如何？该国有无知名的工程咨询专家和税务顾问专家？

表 7-12　国家层面：自然风险清单（RBS 1～2 级）

序号	风险因素	风险源
1	自然灾害	所在国自然灾害现象（地震、洪灾、旱灾、火山、台风等）是否严重？是否常年缺水？
2	气候恶劣	全年降雨量和气温如何？是否有明显的旱季和雨季？雨季和旱季的分布和持续时间？夏季的最高平均温度和冬季的最低平均温度？

续 表

序号	风险因素	风险源
3	水文地质	所在国的地形地貌如何？水文地质条件是否复杂？
4	传染疾病	所在国是否是传染疾病高发区？主要的传染疾病有哪些？病情是否得到有效控制？公民的疾病防范意识如何？
5	生态保护	所在国是否特注重对生态的保护？项目是否经过生态保护区？

表 7-13　项目层面：招投标风险清单（RBS 1～2 级）

序号	风险因素	风险源
1	投标程序	建筑市场投标的基本程序是怎么样的？公正性如何？外国企业投标需要哪些准备？
2	投标政策	所在国对本国企业和外国企业投标的政策是否不一样？具体政策是怎样的？
3	业主手续	业主的行政审批手续是否齐全？
4	工程量和工程范围	合同中关于工程项目内容描述是否清楚？是否存在可凭借推测和想象而导致工作范围扩大的成分？工程量是否有清单？
5	合同报价	合同计价方式约定是否明确？是固定总价合同还是可调总价合同？合同中有无关于价格调整方式的条款？合同价格包含的风险费是否足够？
6	融资要求	合同中是否要求承包商融资？融资额度是否超过企业规定标准？
7	保函担保	业主是否要求承包商提供保函担保？需要提供哪些保函？保函失效、失效条件及担保金额约定是否明确？
8	预付款约定	合同中是否约定工程预付款？预付款的比例是多少？预付款支付形式是什么？

续　表

序号	风险因素	风险源
9	进度款支付约定	合同中是否约定工程进度款的审批及支付时限？进度款的支付方式是什么？是否约定发包人未按时支付工程进度款的违约责任？
10	工程尾款支付约定	合同中是否约定工程尾款的审批和结算时限？工程尾款的支付方式是什么？是否约定发包人未按时支付工程尾款的违约责任？
11	质保金支付约定	合同中是否约定质量保修期和期满后工程质量保修款的清算和支付时限？
12	竣工结算约定	合同中是否约定工程竣工验收的条件？是否明确规定竣工结算审核单位和审核时限？是否约定中间结算和结算时限？
13	付款形式	合同工程款结算的币种有哪些？业主以何种方式付款？
14	工程变更	是否约定工程变更、洽商、签证价款的审批和支付时限？
15	违约赔偿	合同对双方违约的责任是否做出明确的规定和量化？对赔偿的条件和形式是否约定？
16	条款不平等	业主是否特意将自身承担的风险定义模糊化？风险范围是否缩小？是否将一些不可抗风险全部强加给承包商？
17	条款不严谨	合同对一些重要性条款有没有清晰的定义？规定是否详细？前后是否存在矛盾？
18	合同条款误解	合同条款翻译是否正确？双方就条款的理解是否进行沟通并达成一致？
19	业主免责	合同条款关于业主责任的要求是否明确？有无具体的制约措施？

表 7-14　项目层面：设计风险清单（RBS 1 ~2 级）

序号	风险因素	风险源
1	设计标准	业主要求使用的设计标准规范是哪些？中国标准、欧美标准、所在国自身标准规范有哪些？设计分包商对国外标准规范的熟悉程度如何？
2	设计技术	设计院或分包商的资质如何？是否做过海外工程的设计？设计团队人员组成结构是否合理？设计人员的设计经验如何？
3	设计资料	业主提供的资料信息是否真实、完整和更新？承包商是否亲自到项目现场勘察过？勘察资料的深度和广度是否满足设计要求？
4	设计方案	承包商是否深入研究业主提出的技术指标和要求？设计方案是否合理？业主是否会因喜好任意要求承包商改变设计方案？业主对设计方案的审批效率如何？
5	设计变更	设计分包商是否正确理解业主的概念要求？业主对项目的要求是否一次性交代清楚？
6	衔接风险	设计部门的时间安排是否合理？与采购部门、施工部门工作的衔接是否顺畅？

表 7-15　项目层面：采购风险清单（RBS 1 ~2 级）

序号	风险因素	风险源
1	本地材料设备供应	所在国有无项目所需的材料设备？当地材料的质量能否达到项目要求？当地的材料生产能力和设备生产效率能否满足项目的需求？材料和设备的价格怎么样？
2	材料设备采购计划	各种材料和设备的采购来源是否合理安排（当地、中国还是第三国）？每次材料采购数量是否经济？采购计划是否合理和灵活？

续 表

序号	风险因素	风险源
3	供货商供货	供货商的信誉情况怎么样？供货数量和质量是否有保障？能否及时供货？供货规格是否与项目匹配？售后服务怎么样？
4	物流运输	物资运输形式和成本如何？运输速度和安全性如何？货物运输损耗大不大？清关手续是否复杂？货物是否在所在国进口管制名单内？
5	物价上涨	材料设备价格是否上涨？跨国采购时货币汇率是怎样的？
6	采购报价	业主是否指定供货商？供货商的数量有多少？承包商询价是否方便？供货商报价是否合理？供货商会不会坐地起价？

表 7-16　项目层面：施工风险清单（RBS 1～2 级）

序号	风险因素	风险源
1	施工技术	技术交底是否清楚？施工工艺是否落后？专项施工方案是否得到论证以及效果如何？有无采用新工艺和技术？
2	安全措施	现场安全措施是否到位？执行力如何？是否安排专职安全巡视员？
3	施工人员管理	施工人员素质如何？施工人员是否服从安排？施工人员是否会盗窃材料设备？施工人员是否会集体要求涨薪或罢工？施工人员是否接受加班安排？
4	分包商管理	分包商之间的施工界面是否清晰？分包商进场安排是否合理？与分包商之间的沟通是否顺畅？有无做好各分包商之间的协调？

续 表

序号	风险因素	风险源
5	材料设备管理	现场材料设备是否有专人看管？设备的保养怎样？材料的进场是否及时？设备之间的调度是否协调？
6	基础设施	施工现场的供水供电是否充足？交通方不方便？
7	施工组织	施工方案是否可行？施工进度计划是否科学？施工现场平面布置是否合理？
8	施工影响控制	施工过程中有无注意保护周围的生态环境？有无干扰到周围居民的生活？有无对周围建筑和地下管线造成影响？
9	劳工流动	当地的劳工是否充足？劳工的流动性大不大？
10	技术文件翻译	公司是否拥有既会说当地语言又懂工程技术的人才？技术文件的翻译与原文贴近程度如何？
11	项目目标管理	项目目标分工是否明确？是否制定严格的项目目标管理体制？项目目标管理计划是否严格执行？

表 7-17　项目层面：业主方风险清单（RBS 1~2 级）

序号	风险因素	风险源
1	业主支付不及时	业主拖欠工程进度款和竣工结算款的情况如何？业主对承包商的请示回复情况如何？
2	业主干预	业主是否强行干预项目的管理，发号一些不合理的指令？
3	需求变更	业主会否因经济问题减少项目工作量或范围？业主是否要求承包商执行合同规定之外的工作？

表 7-18　企业层面：企业风险清单（RBS 1～2 级）

序号	风险因素	风险源
1	融资风险	企业的融资能力如何？融资渠道有哪些？融资是否得到国家支持？
2	资金短缺	企业的资金运转是否正常？是否有足够的资金维持垫资施工？
3	人力资源管理	企业雇用当地员工和国内员工的规划是否合理？员工的培训计划和费用如何？薪酬制度是否透明公正？
4	企业内部组织管理	企业的管理团队是否团结？内部是否拉帮结派？与当地建筑企业是否存在腐败交易？管理人员结构安排是否合理？各自的责任与权力是否明确？
5	组织结构	企业项目组织机构采用何种形式？机构设置是否合理？

3. 风险识别的结果

风险识别的最终成果是建立风险登记册，记录已经识别的风险、潜在的风险责任人和潜在的风险应对措施。

（三）风险评估

风险评估是指根据工程所处的环境，风险管理人员应用统计、概率分析等方法对已识别风险的发生概率和影响进行综合分析的过程。其主要目的是对风险进行优先级排序，筛选出高优先级的风险重点关注。

企业应通过考虑不合规的原因、来源、后果的严重程度、不合规及其后果发生的可能性进行合规风险评估。后果包括（不限于）：个人和环境伤害、经济损失、声誉损失和行政责任等。

企业可根据企业的规模、目标、市场环境及风险状况确定合规风险评估的标准和合规风险管理的优先级。

企业进行合规风险评估后应形成评估报告，供决策层、高级管理层和业务部门等使用。

风险具有动态性、紧迫性、临近性、潜伏期、可控性、连通性、可监测性、可管理性、不确定性、相对性、突发性等众多特性。传统的风险评价方法大都认为风险度为风险发生概率 P 与风险损失 I 的乘积，即 $R=P \times I$。这种分析方法仅从概率和损失两个维度来评价风险，不能全面反映风险的发生过程和规律，可能会导致错误的结果。有必要将风险分析从两维向三维甚至多维拓展，也就是除了考虑风险发生的概率和风险损失，还需考虑风险的可控性、紧迫性、临近性等风险特性指标，用风险特征向量表示如下：$R=(R_1, R_2, R_3, R_4, R_5\cdots)$ = （概率、损失、可控、紧迫、临近…）。

风险各评价维度的具体含义如下：

（1）发生概率：风险在工程全过程中发生的可能性大小。

（2）损失：风险发生后影响工程进度、质量、成本等目标而造成的损失，以及连带给企业的经济损失、声誉损失和行政责任等。

（3）紧迫性：为有效应对风险而必须采取应对措施的时间段。时间短就说明紧迫性高。

（4）邻近性：风险在多长时间后会影响一项或多项项目目标。时间短就说明邻近性高。

（5）可管理性：风险责任人（或责任组织）管理风险发生或影响的容易程度。如果容易管理，可管理性就高。

（6）可控性：风险责任人（或责任组织）能够控制风险后果的程度。如果后果很容易控制，可控性就高。

（7）可监测性：对风险发生或即将发生进行监测的容易程度。如果风险发生很容易监测，可监测性就高。

（8）连通性：风险与其他风险存在关联的程度大小。如果风险与多个其他风险存在关联，连通性就高。

（9）战略影响力：风险对组织战略目标潜在的正面或负面影响。如果风险对战略目标有重大影响，战略影响力就大。

（10）密切度：风险被一名或多名相关方认为要紧的程度。被认为很要紧的风险，密切度就高。

值得说明的是，并不是每一个风险特性都需要考虑，除概率和损失外，其他的特性根据项目的情况进行选择，并设定相应的权重。各项评分应由经验丰富的专家进行打分，评分的标准应在风险规划中设定，多位专家的多重评分会显著提高风险评估的准确性。表 7-19 是风险评估模型示例。

表 7-19　风险评估模型（示例）

风险 10 分制	维度	概率	损失	可监测性	紧迫性	……	综合 评分	优先级
	权重	30%	30%	5%	5%	……		
风险 A	/	9	8	8	8	……	8. 3	1 级
风险 B	/	7	8	5	6	……	6. 5	3 级
	……							

（四）风险应对

企业应建立健全合规风险应对机制，对识别评估的各类合规风险采取恰当的控制和处置措施。发生重大合规风险时，企业合规管理机构和其他相关部门应协同配合，依法及时采取补救措施，最大程度降低损失。必要时，应及时报告有关监管机构。

合规风险的应对主要从五个大方面考虑，即风险上报、风险规避、风险减轻、风险接受和风险转移，见图 7-2。

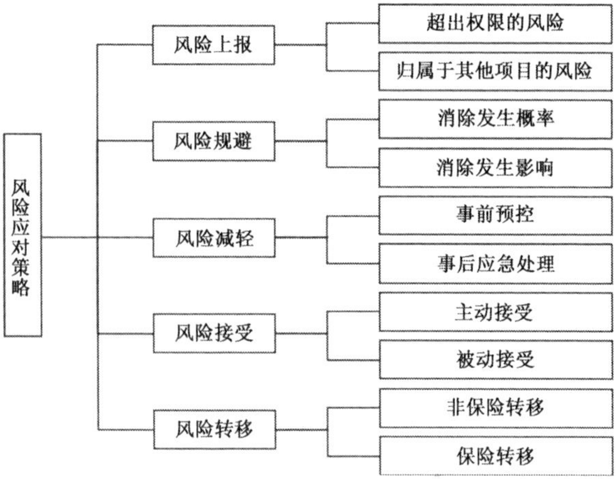

图 7-2　风险应对方案框架图

1. **风险上报**

如果某风险不在职责范围内，或提议的应对措施超出了责任人能力或权限，就应该采用上报策略。被上报的风险将在相应的相关部门加以管理。而风险责任人应确定就风险通知哪些人员，并向该人员或组织部门传达关于该威胁的详细信息。

上报策略带来的好处是能在更高层次进行统筹管理，能调动更多的资源来响应风险。合规管理人员应该充分意识到上报并不是责任推诿，也更应清楚地意识到如果在超出职权能力范围内自行管控风险或是瞒报而导致风险没有得到及时有效处理，都将导致最终的失控。

2. **风险规避**

风险规避是指采取行动来消除威胁，避免受威胁的影响。规避策略应对的核心是“阻断”，即把概率降低到零。或者风险发生了，主体也会受保护而不受影响。

某些合规风险发生概率和损失都很大，但又没有经济有效的措施来减小风险，合规管理人员就应该采取放弃项目或原计划，或者改变目标，避免损失。

采取风险规避常需同时满足以下三点：

（1）对合规风险要有足够的认识和把握。

（2）该风险发生的概率很高，带来的后果很严重。

（3）采用其他应对策略的代价超过风险所带来的经济效益，只有采取风险规避才能将项目损失降到最低。

但运用该策略时也须认识以下三点：

（1）风险是始终存在的，规避这个风险可能会面对另外一个新的风险。

（2）规避风险也就丧失了从该风险中获取利益的机会。

（3）风险规避要把握最佳时机，当断则断。

如上所述，在采取规避策略的时候，往往需要付出相对较大的代价，因此在制定策略的时候需要权衡经济性和可行性，如果无法完全规避，可以考虑强化其他策略。

3. 风险减轻

风险减轻是指采取措施来降低威胁发生的概率和（或）影响，最终使风险处在可控范围内。当风险应对目标是只需可防可控时，或对于需要完全消除风险（高风险），但因风险特性或其他因素无法采用规避措施时，优先采用减轻策略。

采取减轻策略，在具体应对方案的制定时，从风险严重性的因素入手，通过强化过程控制来降低概率和损失。

它一般包括事前控制和事后控制。事前控制是指通过制定防范性措施来降低风险事件发生概率的行为，分为有形的和无形的。有形的措施如高空作业人员必须系安全带，脚手架挂安全网；进场人员须带安全帽；易燃易爆材料远离办公场所等。无形的措施如对现场工作人员进行风险教育；制定严格的风险管理制度；采取多种货币结算方式等。事后控制是指通过制定应急处理计划来尽量减小风险事故所造成的损失或抑制事故的进一步发展的行为。相应的措施如调整施工进度和材料设备采购计划；准备索赔证据，计算索赔金额，递交索赔报告；查看项目资金链运转状况，调整融资计划等。

4. **风险接受**

风险接受，又称为风险自留。

风险接受是指承认风险的存在，事前不主动采取措施，因此它不改变风险的概率和损失，依靠自身的力量来承担风险事故损失的行为。此策略可用于低优先级威胁，也可用于无法以任何其他方式加以经济有效地应对的威胁。对于采用接受型风险（暂时不管它），有两种建议，一是为它建立应急储备，包括预留时间、资金或资源以应对出现的威胁；二是定期审查，确保其并未发生重大改变。

5. **风险转移**

转移涉及将应对威胁的责任转移给第三方，让第三方管理风险并承担威胁发生的影响。采用转移策略，通常需要向承担威胁的一方支付风险转移费用。购买保险、使用履约保函、使用担保书或保证书是转移的最常见手段。

该行为并不能减小风险发生的概率和损失，而只是将风险损失转移给最有能力承担或控制的其他组织或个人。一般分为保险转移和非保险转移。

保险转移是指项目主体通过购买工程保险来将风险转移给保险公

司。常见的保险转移措施有：建筑工程一切险、安装工程一切险、社会保险、车险、汇率险等。

非保险转移是指项目主体通过签订合同将风险转移给对方。该方法能够转移那些不可投保但被转移者长于该类风险管理的风险。但要注意被转移者的财务能力，一旦无法承受风险带来的损失而破产，那么最终的损失仍由转移者承担。此外，为确保风险转移的顺利落实，在合同中须明确规定双方的权利与责任。常见的非保险转移措施有：工程分包、转包、担保、出售，技术转让，设备租赁，免责合同等。

（五）风险监控

监控风险是在整个项目期间，监督商定的风险应对策略的实施、跟踪已识别风险、识别和分析新风险，以及评估风险管理有效性的过程。

由于在项目实施过程中合规风险是不断变化的，企业应落实监控措施，管理合规义务和对应的合规风险，实现预期的行为。

采取有效的监控措施确保满足合规义务，能够预防或发现不合规事件并纠正。充分而严格地设计各类、各层次的监控措施，以促进企业的活动和运行环境实现合规义务。

比如：控制包括：

——清晰、实用并易于遵循的文件化运行方针、程序、过程和操作指示；

——系统和异常报告；

——审批；

——划分有冲突的角色和职责；

——自动化过程；

——年度合规计划；

——员工绩效计划；

——合规评估和审核；

——管理层的承诺和促进合规行为的其他措施；

——对预期的员工行为（标准、价值观和行为准则）进行主动、公开并经常的沟通。

风险监控方法如下：

（1）风险审计：专人督察风险监控机制的执行情况，并定期对风险执行过程进行审核。

（2）风险审查会：定期召开合规风险的审查会，来检查和记录风险应对策略的有效性。在风险审查中，还可以识别出新的合规风险，并及时制定应对措施。

（3）技术指标分析：比较计划技术指标与实际技术指标之间的差异。

（4）风险预警监督：度量项目在运作过程中某指标偏离预警线的强弱程度、发出预警信号并提前采取防范措施的系统。

结 语

开展境外经营是中国企业实现企业发展战略，参与“一带一路”建设，推进中国与世界各国互利共赢的重要方式。强化合规经营意识是企业海外经营行稳致远的前提。

不论国内还是国外，廉洁、合规都已成为世界范围内对企业的基本要求，国际机构以及国家、行业组织等各个层面的监管力度都将越来越严，企业依法合规经营已经成为当今企业治理的国际趋势。中国的工程建设企业也应当积极顺应国际趋势，认识到建立合规制度、强化合规监管的重要性，努力建设和实施符合国际标准的合规经营制度。

我国工程建设企业在“走出去”过程中，因合规被处罚的案例比比皆是，而在海外失败项目中的经验教训，往往具有很高的相似度。“屁股出去了，脑袋还留在国内”，这十分形象而深刻地概括了造成合规问题的原因。我国的工程建设企业在国内市场中在技术、工期等方面创造了一系列的奇迹，但是我们必须清醒地认识到，这些奇迹的产生是因为有中国这个得天独厚的市场环境占尽了“天时、地利、人和”，一旦脱离了这个熟悉的市场环境，丧失了我们赖以创造奇迹的土壤，中国承包商很难复制“中国速度”。

我国工程建设企业在几十年“走出去”的过程中所形成的经验，往往是以高成本作为代价的。而用高成本所换来的境外工程经验，又常常是低效率的。一方面，获得经验的往往是个人，而个人的经验很难转化为组织合规体系的部分，常常出现“人走了，经验也被带走了”的怪现象。然后，企业又不得不重新开始“交学费”和积累教训，很少能够像大多数成熟的国际承包商那样，及时把经验和教训总结、固定下来，形成失败项目的案例库。另一方面，我国“走出去”的工程企业之间很难建立有效的沟通交流机制，个别企业的经验教训很难成为整个行业的共同财富。如果不能突破这种不断重蹈覆辙的恶性循环，我们所付出的“学费”会更加惊人。

基于这些考虑，我们编制了本书。该书是境外合规经营的经验总结，期望能通过我们的努力，把大家的经验串联起来，能对境外经营人员及企业对境外各国的经营方式及合规要求有总体的了解。同时，希望通过本书的阅读能使企业在对合规意识、合规文化及合规具体要求上有所重视。

附录

附录 1　伊拉克部分政府部门和相关机构网站一览表

（1）总理办公室（Prime Minister Office），www. pmo. iq

（2）内阁（Council of Ministries），www. cabinet. iq

（3）议会（Iraqi Parliament），www. parliament. iq

（4）外交部（Ministry of Foreign Affairs），www. mofa. gov. iq

（5）国防部（Ministry of Defense），www. mod. mil. iq

（6）内政部（Ministry of Interior），www. moi. gov. iq

（7）财政部（Ministry of Finance），www. mof. gov. iq

（8）石油部（Ministry of Oil），www. oil. gov. iq

（9）规划部（Ministry of Planning），www. mop. gov. iq

（10）电力部（Ministry of Electricity），www. moelc. gov. iq

（11）贸易部（Ministry of Trade），www. mot. gov. iq

（12）交通部（Ministry of Transportation），www. motrans. gov. iq

（13）卫生部（Ministry of Health），www. moh. gov. iq

（14）教育部（Ministry of Education），www. epedu. gov. iq

（15）农业部（Ministry of Agriculture），www. zeraa. gov. iq

（16）工业矿产部（Ministry of Industry and Minerals），www. industry. gov. iq

（17）劳动和社会事务部（Ministry of Labor and Social Affairs），www. molsa. gov. iq

（18）水资源部（Ministry of Water Resources），www. mowr. gov. iq

（19）高等教育与科学研究部（Ministry of Higher Education and Scientific Research），www. moheiraq. org

（20）青年与体育部（Ministry of Youth and Sports），www. moys. gov. iq

（21）住房和建设部（Ministry of Housing and Construction），www. moch. gov. iq

（22）通信部（Ministry of Communications），www. moc. gov. iq

（23）司法部（Ministry of Justice），www. moj. gov. iq

（24）文化部（Ministry of Culture），www. mocul. gov. iq

（25）难民与移民部（Ministry of Migration and Displaced），www. momd. gov. iq

（26）国家投资委员会（National Investment Commission），invest-promo. gov. iq

（27）伊拉克央行（Central Bank of Iraq），www. cbi. iq

（28）海关总署，General Commission of Customs，www. customs. mof. gov. iq

（29）库尔德自治区政府（Kurdistan Regional Government），www. krg. org

（30）巴格达省政府（Baghdad Governorate），www. baghdad. gov. iq

（31）伊拉克股票市场（Iraq Stock Exchanges），www. isx-iq. net

（32）伊拉克商务总览，www. portaliraq. com

（33）伊拉克公司企业网，www. iraqdirectory. com

（34）伊拉克国家通信和媒体委员会，www. ncmc-iraq. org

（35）伊拉克商务中心，www. iraqibusinesscenter. com

（36）巴格达商务中心（Baghdad Business Center），www. baghdadbusinesscenter. org

（37）巴士拉商务中心（Basra Business Center），www. basrabusinesscentre. com

（38）联合国计划开发署伊拉克分署（United Nations Development Program in Iraq），www. iq. undp. org

附录2　伊拉克华人商会、社团和主要中资企业一览表

一、中资企业商会

中资企业商会已于2019年8月完成换届，秘书处联系方式：07708618557。

二、在伊主要中资企业

中国石油天然气集团公司（含中国石油管道局工程有限公司、中国石油工程建设公司、中国石油集团工程设计有限责任公司、渤海钻探、长城钻探、东方物探、大庆石油管理局、寰球工程公司、新疆石油管理局、川庆钻探工程公司）

中国海洋石油总公司（含中海油田服务股份有限公司、海工英派尔工程有限公司、海洋石油工程股份有限公司）

上海电气集团股份有限公司

中国机械设备工程股份有限公司

华为技术有限公司

苏州中材建设有限公司

中国能源建设股份有限公司（含中国葛洲坝集团股份有限公司、中国能源建设集团东北电力第一工程有限公司、天津电力建设公司）

中国电力工程有限公司

中曼石油天然气公司

中兴通讯股份有限公司

中国机械工业建设集团有限公司

中国东方电气集团有限公司（含东方电气集团国际合作有限公司）

中国铁建股份有限公司（含中国土木工程集团有限公司、中铁十八局集团有限公司）

中国交通建设股份有限公司（含中国港湾工程有限公司、中交第一公路工程局有限公司）

中地国际工程有限公司

中国电力建设集团有限公司（含中国电力建设股份有限公司、中国电建集团国际工程有限公司、中国水电建设集团国际工程有限公司、山东电力建设第三工程公司、中国电建集团山东电力建设有限公司、中国电建集团湖北工程有限公司）

中信建设有限责任公司

中国建筑股份有限公司（含中建三局）

中国江苏国际经济技术合作集团有限公司

中国机械工业建设集团有限公司

中国核工业二三建设有限公司

中国山东国际经济技术合作公司

中国五环工程有限公司

北方国际合作股份有限公司

振华石油控股有限公司

特变电工股份有限公司

华油惠博普科技股份有限公司

杰瑞石油天然气工程有限公司

中国建筑材料集团有限公司

中国中铁股份有限公司（中铁国际集团有限公司）

山东科瑞石油装备有限公司

川铁国际经济技术合作有限公司

洲际油气股份有限公司

联合能源集团有限公司

安东油田服务集团

奇瑞汽车

OPPO 集团

三一重工

附录 3　中伊使馆信息

中国驻伊拉克大使馆经商参处

电话：00964-7901912304

邮箱：iq@ mofcom. gov. cn

伊拉克驻中国大使馆

地址：北京市建国门外秀水北街 25 号

电话：010-65323385，65321873，65323248

附录4　中方投资服务机构

中国商务部研究院海外投资研究中心

地址：北京市东城区安外东后巷28号

电话：010-64515042，64515043

传真：010-64212175

邮箱：kgjyb@126.com

网址：www.caitec.org.cn

附录 5　伊拉克投资服务机构

伊拉克投资委员会是投资主管部门，负责相关外资政策制订、执行和外资企业监督管理等。该委员会对外国投资者提供一站式服务，外资管理职能与我国商务部相似。获得该委员会批准颁发的投资许可证后，外国投资者还需到伊拉克贸易部公司注册处（Office of Company Registry，类似工商管理机构），登记注册并领取营业执照，到内政部登记备案。手续费各 20 万伊拉克第纳尔（约 200 美元）。

网站：www. investpromo. gov. iq

投资委员会邮箱：info@ investpromo. gov. iq

有关投资咨询、法律法规、访问伊拉克等，可与该投资委员会下列部门联系：

一站式服务（One Stop Shop）ossh@ investpromo. gov. iq

媒体（Media）media@ invest-iraq. com

经济咨询（Economic Dept）economic@ investpromo. gov. iq

法律咨询（Legal Dept）legal. dept@ investpromo. gov. iq

访问考察（Public Relations）p. r. nic@ investpromo. gov. iq